PREGUE POR UM ANO #1

104 Esboços de Sermões

Dois esboços completos para cada Domingo do ano

Lista de autoria de Roger Campbell

Pregue durante um Ano # 1
Pregue durante um Ano # 2
Pregue durante um Ano # 3
Pregue durante um Ano # 4
Pregue durante um Ano # 5
Pregue durante um Ano # 6
Mantenha-se Positivo num Mundo Negativo
Você Pode Vencer!

Roger Campbell

PREGUE POR UM ANO #1

104 Esboços de Sermões

Dois esboços completos para cada Domingo do ano

2ª Edição

São Paulo
Editora Proclamação
2018

Título Original: Preach for a Year #1
Edição Publicada pela Kregel Publications, Inc. ©
- EUA - 1988, por Roger F. Campbell

Supervisão Editorial: Oliver Conovalov
Tradução: Pr. Pedro Volvchenko
Revisão: Pr. Antônio de Souza Filho
Capa: Roger Conovalov
Projeto Gráfico e diagramação: Roger Conovalov

As citaçõs bíblicas foram extraídas da versão brasileira:
A Bíblia Sagrada (Antigo e Novo Testamento), Traduzida em português por João Ferreira de Almeida, Revista e Atualizada no Brasil - SBB 2ª Edição

Catalogação na Fonte do Departamento Nacional do Livro
(Fundação Biblioteca Nacional, Brasil)

Campbell, Roger F.
Pregue por um Ano: volume 1/ Roger F. Campbell; tradução de Pr. Pedro Volvchenko - São Paulo - 2ª Edição. Editora Proclamação Ltda - 2018

Tradução de: Preach for a Year #1
ISBN: 978-85-86261-05-3

1. Teologia Prática Cristã

Editora Proclamação Ltda:
Rua Rafael Sampaio Vidal, 291 - Barcelona
São Caetano do Sul - SP - Cep: 09550-170
Fone: (11) 4221-8215
e-mail: contato@editoraproclamacao.com.br
www.editoraproclamacao.com.br

Dedicado ao:

Pastor Martin Blok
quem primeiramente
deu-me a portunidade
de pregar o evangelho

SUMÁRIO

Maio

Junho

Julho

Agosto

Setembro

Outubro

Novembro

Dezembro

Nos Quintos Domingos

INTRODUÇÃO

Certo pastor com quem compartilhei um esboço de sermão, telefonou-me para me dizer que essa ajuda prática permitiu-lhe ter tempo disponível para visitar as famílias em sua comunidade. E acrescentou comentando que foi bem sucedido ao expor o sermão naquela manhã de domingo.

Eu sabia ser esse homem um diligente estudante da Bíblia e um pregador hábil. Independente da minha ajuda, ele levou sua igreja a um bom crescimento. Contudo, ele percebeu que esse esboço enriqueceu seu ministério, e desde então usou dele com mais sucesso.

Todo o pastor sabe que organizando seus pensamentos pode capacitá-lo a comunicar a verdade numa maneira que fique gravada na mente de seus ouvintes.

Pregue por um ano pretende auxiliar nessa importante tarefa. Que ninguém pense que esses esboços para sermões poderão fazer o trabalho do pregador. Eles são apenas esqueletos esperando corpo e ressurreição.

J. W. Mahood, um fervoroso pastor metodista, do início do século vinte, escreveu: "Muito pouco do sermão comum é relembrado pelos ouvintes. Contudo há uma influência hábil, uma atmosfera espiritual, que flui de cada pregador cheio do Espírito Santo, que torna proféticas suas palavras, que eleva congregações inteiras para os mais altos reinos do viver, e que marca suas vidas com influências que permanecem através de todos os períodos do tempo. Trinta minutos de tal pregação são preferíveis do que mil sermões cuidadosamente preparados, mas onde o Espírito Santo não tem lugar. As maiores alturas da verdade e inspiração não são alcançadas por meio da análise e da lógica, mas somente quando o espírito humano é elevado pelo divino Espírito para o reino do infinito, e o coração desse modo é trazido tão perto de Deus que ele possa ouvir sussurros da sabedoria e amor celestiais".

Escolhi usar numerais romanos para designar a introdução, o Corpo e a Conclusão do Sermão em lugar de pontos principais. Essa forma me permite mover o esboço inteiro antes do primeiro ponto fazendo subpontos serem designados por numerais arábicos. Desde que há, usualmente, mais subpontos do que pontos principais, essa maneira de esboçar elimina a necessidade de fazer numerosas transferências mentais de letras para números quando apresentá-los diante da congregação. Se for proferido um esboço mais convencional, será fácil fazer essa adequação.

Tais esboços de sermões têm sido úteis para mim e ao pregar em igrejas indo desde a pequena rural à grande igreja suburbana. Mas isso tem sido somente verdade quando os mesmos, foram envolvidos em oração e apresentados após fervorosa preparação do meu coração. À parte dessas exigências de poder, todos os esboços de sermões são de pouca utilidade.

Waterford, Michigan
Roger Campbell

JANEIRO

FELIZ ANO NOVO!

João 3: 3; Romanos 6: 4; Filipenses 3: 13-14

I. INTRODUÇÃO

A. A SAUDAÇÃO DA MODA

1. Cartões de saudação sem conta enviados pelos correios
2. Saudações e Celebrações

B. O ANO NOVO NÃO É REALMENTE NOVO

1. Enquanto milhares exclamarão "Feliz Ano Novo", eles estarão repetindo os mesmos antigos refrões como o antes
2. Em vez de um Feliz Ano Novo, para muitos será uma ressaca terrível
3. Não existe hora mágica alguma à meia-noite, que repentinamente se transforma em utopia

C. O QUE TORNA FELIZ UM ANO NOVO?

II. CORPO DO SERMÃO

A. O NOVO NASCIMENTO (João 3:3-5)

1. Necessidade do novo nascimento
2. Muitos têm sonhado com a oportunidade de começar novamente
3. O que o novo nascimento não é:
   a. Não é batismo
   b. Não é reforma
4. O novo nascimento acontece ao receber Cristo pela fé (João 1:12; 3:16)

B. O NOVO ANDAR (Romanos 6:4)

1. Não há ninguém mais miserável do que o crente que não vive corretamente
2. Consideremos o contraste entre o Andar velho e o novo:
   a. A carne e o Espírito (Gal. 5:16-23)
   b. O andar antes e depois para os cristãos de efésios (Ef.5:1-16)
3. A diferença entre o dia e a noite (Rom. 13:1-14)

4. Para praticar o andar novo, você precisa alimentar o novo homem (II Pedro 2:1-3)

5. Para praticar o andar novo, você deve considerar-se morto com Cristo e Ressurreto com Ele (Rom. 6)

C. O NOVO ALVO (Filip. 3:13-14)

1. Os alvos passados de Paulo

2. Seus alvos passados

3. Pecados e falhas do passado de Paulo

4. Vitórias passadas de Paulo

5. O desejo de Paulo de abandonar tudo o que podia impedí-lo em sua vida por Cristo

6. Tem você um novo alvo desde que se tornou um cristão?

a. Tal alvo tem prioridade em sua vida?

b. Deseja você abandonar o passado a fim de alcançar seu alvo?

III. CONCLUSÃO

A. RESULTADOS TERRÍVEIS DA NEGLIGÊNCIA DESSA VERDADE

1. Sem o novo nascimento...alma perdida
2. Sem novo andar...testemunho perdido
3. Sem novo alvo...galardões perdidos

B. RESULTADOS PRÁTICOS DA AÇÃO SOBRE ESSA VERDADE

1- Salvação, separação, dedicação

2. A alegria de viver no centro da vontade de Deus

DETERMINAÇÕES DE PERSONAGENS BÍBLICOS

Eclesiastes 3:4

I. INTRODUÇÃO

A. DETERMINANDO TER UM NOVO TEMPO

B. AS DETERMINAÇÕES SÃO LIMITADAS

1. Fazer melhor não pode salvar-nos
2. Obras não nos recomendam a Deus

C. O VALOR DAS DETERMINAÇÕES

1. É bom estabelecer alvos para nós mesmos
2. Determinações de personagens bíblicos
3. Vamos examinar algumas determinações bíblicas

II. CORPO DO SERMÃO

A. A DETERMINAÇÃO DE JACÓ DE DAR O DÍZIMO (Gen. 28:22)

1. Condições sob as quais a determinação aconteceu
   a. Jacó fugindo de Esaú porquanto o enganou
   b. Uma determinação decidida quando tinha pouco para dar
2. Algumas reflexões acerca do dízimo
   a. Abraão o iniciou (Gen. 14:20)
   b. Jacó o continuou (Gen. 28:22)
   c. Malaquias o ordenou (Mal. 3:10)
   d. Jesus o recomendou (Mat. 23:23)
3. O dízimo aplica-se a cristãos?
   a. É evidente que temos que dar uma porção de nossa renda (I Cor. 16:2)
   b. Observe que o dízimo começou antes da doação da lei
4. Esta é uma das áreas mais fáceis para desanimar
5. É também uma das áreas mais práticas para provar a fé
6. Observe o desafio de Malaquias 3:10
7. Considere como o Senhor recompensou Jacó (Gen. 32:10)

B. AS DETERMINAÇÕES DE DAVI CONCERNENTES À PALAVRA DE DEUS (Salmos 119:15-16)

1. "Meditarei em teus preceitos"

a. A importância de meditar na Palavra de Deus
b. "Porque assim como ele pensa em seu coração assim é ele" (Prov. 23:7)
c. Retendo a Palavra de Deus em nossas mentes, metodicamente

2. "Deleitar-me-ei nos teus estatutos"
a. Não é um trabalho enfadonho, mas prazer diário
b. Como uma carta amorável do Senhor

3. "Não me esquecerei da tua Palavra"
a. Isso convoca para a memorização
b. Memorização da Bíblia não é apenas para crianças
c. Por que não começar memorizando versos cada semana neste ano?

4. O valor de uma determinação de ler a Bíblia durante este ano
a. Quatro capítulos diários possibilitam-nos ler a Bíblia em um ano
b. Lendo três capítulos em cada dia da semana e cinco aos domingos também ajudará na leitura da Bíblia toda

C. A DETERMINAÇÃO DE DANIEL REFERENTE A UMA VIDA LIMPA (Dan.1:18)

1. O testemunho de um adolescente (idade de 15 anos)
a. Seu país conquistado por um poder estrangeiro
b. Ele foi escolhido para estudar no palácio
2. Decidiu em seu coração ousar ser diferente
3. É tão fácil ir apenas com a multidão
4. A palavra "contaminar" significa sujar ou poluir
5. Hoje há bastante poluição ao redor.
a. Bastante material de leitura que contamina
b. Bastante material visual que contamina
6. Uma decisão pela santidade de vida irá contra a carne
7. Um viver santo sempre paga dividendos

III. CONCLUSÃO

A. SUAS DETERMINAÇÕES PARA CRISTO HOJE

B. CONSIDERE O IMPACTO QUE ELAS PODEM PRODUZIR NO ANO NOVO

A ALEGRIA DA SALVAÇÃO

Salmo 51:12

I. INTRODUÇÃO

A. UM SALMO DE CONFISSÃO

1. Há aqui uma visão interna de um homem agindo corretamente com Deus
2. A abertura do coração de um homem após um encontro com o fracasso

B. É TAMBÉM UM SALMO DO REI

1. Davi é um líder...politicamente, espiritualmente e até musicalmente
2. É um salmo com o qual podemos nos identificar, porquanto também falhamos

C. FOCALIZAREMOS EM APENAS UMA AFIRMAÇÃO DA SUA ORAÇÃO

II. CORPO DO SERMÃO

A. DAVI TINHA CONHECIDO A ALEGRIA DA SALVAÇÃO

1. "Restitui" indica que ele já a possuiu antes
2. Uma pesquisa nos Salmos revela essa verdade
    a. Salmo 9:1 "Eu te louvarei"
    b. Salmo 21:1 "O Rei se alegra na tua força"
    c. Salmo 23:5 "O meu cálice transborda"
    d. Salmo 34:1 "Bendirei ao Senhor em todo o tempo"
3. Há uma boa razão para essa alegria
    a. A alegria do perdão
    b. A alegria da certeza do céu
    c. A alegria da presença do Senhor
    d. A alegria de encontrar resposta para viver
4. Essa alegria está disponível a você mediante o EVANGELHO

B. DAVI PERDEU A ALEGRIA DE SUA SALVAÇÃO

1. "Restitui" indica que ele não a tem agora
2. Neste sentido Davi tem muita companhia
    a. Muitos estão cheios de desalento, os quais já foram chei-

os da glória

b. Muitos estão oprimidos, os quais outrora já estiveram abençoados

c. Muitos estão insatisfeitos, os quais já foram cheios de cânticos

d. Muitos estão mal-humorados, os quais já foram cheios de louvor

3. Davi e a história de seu pecado
   a. A aventura com Bate-Seba
   b. O pecado roubou Davi de sua alegria
   c. A canção terminou
4. Muitos podem recordar um dia melhor, você também?

C. DAVI DESEJOU TER A ALEGRIA DE SUA SALVAÇÃO RESTAURADA
1. "Restitui" fez parte de sua oração para reaver o que perdeu
2. Davi ora para que sua alegria retorne
3. Qual é o caminho de volta?
   a. É o caminho da recordação
   b. É o caminho da confissão
   c. É o caminho da fé
5. Você anseia por essa alegria novamente?
6. Você pode obtê-la

III. CONCLUSÃO

A. SALMO 32: UMA OUTRA VISÃO DO MESMO HOMEM

B. "BEM-AVENTURADO É O HOMEM CUJA TRANSGRESSÃO É PERDOADA"

C. VOCÊ FOI PERDOADO?

D. SUA ALEGRIA RETORNARÁ QUANDO VOCÊ VOLTAR AO SEU SENHOR CONFESSANDO SEUS PECADOS.

A BÍBLIA É A PALAVRA DE DEUS

II Timóteo 3:16

I. INTRODUÇÃO

A. A MAIOR DE TODAS AS PERGUNTAS

1. É a Bíblia realmente a Palavra de Deus?
2. Se não é, estamos desperdiçando nosso tempo
3. Se sim, nada mais se compara em importância

B. NÓS CREMOS SER A BÍBLIA A PALAVRA DE DEUS VERBALMENTE INSPIRADA

C. POR QUÊ?

II. CORPO DO SERMÃO

A. POR CAUSA DE SUA UNIDADE E PERFEIÇÃO

1. Que grande bilblioteca ela é!
   a. Acima de 40 autores diferentes
   b. Escrita num período acima de 1600 anos
   c. Tudo se harmoniza num tema central
2. Comparada a qualquer outra literatura, é um gigante
   a. Os grandes clássicos encolhem-se ao lado dela
   b. Os grandes livros dos cultos não se comparam a ela
3. Não há contradições, é sempre certo

B. POR CAUSA DE SUAS PROFECIAS CUMPRIDAS

1. As muitas profecias
   a. Os impérios da profecia de Daniel
   b. O retorno de Israel e subseqüente dispersão
2. Profecias concernentes a Cristo
   a. Seu nascimento (Isaías 7: 14)
   b. O lugar de seu nascimento (Miquéias 5:2)
   c. Sua rejeição e morte (Isaías 53)
3. Profecias concernentes aos últimos dias
   a. O retorno dos judeus à sua terra (Ez. 37)
   b. O ressurgimento da Rússia (Ez. 38, 39)

C. POR CAUSA DE SUA EXATIDÃO CIENTÍFICA

1. A Bíblia não é um livro científico

2. Entretanto, quando ela se refere a um fato científico, é correta
   a. A criação do homem (Gen. 1:26-28; 2:7-25)
   b. Vida no sangue (Lev. 17:11)
   c. O globo Térreo (Is. 40:22)
   d. O planeta Terra no espaço (Jó 26:7)
   e. A rotação da Terra (Gen. 1; Jó 37; Salmos 19)

D. POR CAUSA DE SUA EXATIDÃO É GARANTIDA POR JE SUS CRISTO

1. "Céus e terra passarão, mas minhas palavras não hão de passar"
   (Mat. 24:35)
2. "A escritura não pode ser anulada" (João 10:35)
3. As escrituras devem ser cumpridas (Marcos 14: 49)
4. As coisas contidas na Bíblia, e que os homens não acreditam, são confirmadas por Cristo
   a. A criação (Mat. 19:4 - 6)
   b. Noé (Mat. 24: 37 - 39)
   c. Sodoma (Lucas 17: 28 – 32)
   d. Jonas (Mat. 12:39 – 41)

E. POR CAUSA DO QUE A BÍBLIA REALIZA

1. Salvação: "Crê no Senhor Jesus Cristo e serás salvo, tu e tua casa" (Atos 16: 31)
2. Nova criatura (II Cor. 5:17)
3. Proveitosa para doutrina, repreensão, correção e instrução na justiça (II Tim. 3: 16 – 17)

III. CONCLUSÃO

A. PERMITA QUE A PALAVRA DE DEUS OPERE EM VOCÊ

B. TRANSFORME-A EM VIDA

C. RESPONDA AO SEU ENSINO

E SE JOÃO 3:16 NÃO FOSSE VERDADE?

João 3:16

I. INTRODUÇÃO

A. ESTAMOS ANDANDO SOBRE SOLO CONHECIDO

1. O verso mais familiar da Bíblia
2. Lutero o chamou de bíblia em miniatura
3. É o verso favorito das crianças...e freqüentemente citado para pessoas em estado terminal

B. O CONTEXTO DO VERSO

1. O verso endereçado a um homem bom e religioso para explicara salvação
2. Seu uso para ganhar para Cristo este príncipe dos judeus-Nicodemos.

C. MAS SE ESTE GRANDE VERSO NÃO FOSSE VERDA DEIRO?

II. O CORPO DO SERMÃO

A. E SE DEUS NÃO TIVESSE AMADO O MUNDO?

1. "Porque Deus amou tanto o mundo"
2. Sem o seu amor não haveria esperança de modo algum
   a. Um planeta tenebroso movendo-se através do espaço sem esperança
   b. Nenhum sentido para viver e nenhum propósito para a existência
   c. Cada morte seria o fim da esperança pessoal e cada túmulo um local de desespero
   d. Um mundo onde as orações seriam meramente inúteis como clamor aos céus
3. Mas Deus, de fato, amou o mundo
   a. Tudo proclama o seu amor
   b. Cada nascer do sol...cada folha da grama...cada fonte de água...cada nascimento...o rosto de cada criança
4. A maior demonstração do seu amor é a cruz

B. MAS, E SE DEUS NÃO TIVESSE DADO O SEU FILHO?

1. "que deu o seu filho unigênito"

2. O amor de Deus seria frustração sem a cruz
3. O amor genuíno sempre exige o dar
   a. Um homem casa; depois trabalha, providencia, cuida
   b. Uma mulher casa e dá de si para a sua família
   c. Um homem faz previdência antes da sua morte; desse modo ele providencia segurança para sua família
4. Deus deu seu filho...e fora disso não há salvação

C. E SE A OFERTA DA SALVAÇÃO POR DEUS NÃO FOSSE PARA OS "TODOS AQUELES"

1. "Para todo aquele"
2. A admirável palavra que é geral, conquanto particular
3. Ela inclui todos, e, contudo, atinge a cada um
4. Ela é extensiva a você
5. Suponha que Deus ofereceu salvação somente aos ricos
6. Suponha que Deus ofereceu salvação somente aos saudáveis ou educados
7. Mas, Deus convida todas as pessoas, individualmente, para crer Nele

D. E SE A OFERTA DE DEUS NÃO FOSSE BASEADA SOMENTE NA FÉ?

1. "Crer"
2. Descreva homens trabalhando, fazendo experiências, movendo
3. Imagine homens aprendendo, ganhando dinheiro, fracassando.
4. Destaque o ladrão agonizante...e a oferta aos homens à beira damorte

III. CONCLUSÃO

A. TODAVIA JOÃO 3:16 É VERDADEIRO!

B. VOCÊ PODE SER SALVO PELA FÉ EM CRISTO.

C. QUE MENSAGEM PARA PROCLAMAR AO MUNDO!

ALEGRIA POR APENAS UM SALVO

Lucas 15:10

I. INTRODUÇÃO

A. EXAMINANDO RAPIDAMENTE CENAS SAGRADAS

1. Os cristãos vão para o céu quando morrem
2. Mas o que eles fazem lá?
3. Quanto sabem eles dos acontecimentos terrenos?
4. Eis um acontecimento que traz alegria celestial: a salvação dos pecadores

B. ALEGRIA NA PRESENÇA DOS ANJOS DE DEUS

1. Não necessariamente pelos anjos...mas na presença deles
2. Cristãos que foram para o céu regozijam-se a cada conversão terrena
3. Tornando felizes os habitantes do céu

C. POR QUÊ?

II. CORPO DO SERMÃO

A. POR CAUSA DA IMPORTÂNCIA DA ALMA

1. "Pois que aproveita ao homem ganhar o mundo inteiro mas perder sua própria alma?" (Marcos 8: 36)
2. A raça imprudente neste mundo anseia por possuir coisas
3. Mas pouco se faz diante do fato de que ganhar a terra inteira não seja suficiente para compensar a perda da alma
4. Excessiva atenção dada ao corpo!
   a. Cursos para modelagem do corpo
   b. Corpos vestidos elegantemente, cirurgias faciais
5. A importância de ganhar almas

B. POR CAUSA DO AUMENTO DA POPULAÇÃO CELESTIAL

1. Cada alma salva é mais uma que aumentará a alegria nos Céus
2. Alegria compartilhada é multiplicada
3. As bênçãos indescritíveis ali...as belezas celestiais
4. A comunhão no céu com os santos e com o Senhor

C. POR CAUSA DO INVESTIMENTO DO SALVADOR

1. Essa é a razão pela qual Ele veio à Terra
2. Ele poderia ter chamado dez mil anjos...mas morreu sozinho
3. Tudo o que está envolvido em seu sofrimento é
   a. Seu sofrimento no Getsêmani
   b. Seu julgamento...o flagelo...a crucificação
   c. O precioso sangue de Jesus (I Pedro 1:19)
4. O propósito da redenção

D. POR CAUSA DA REALIDADE DO INFERNO

1. Cada salvo é mais um retirado do fogo do inferno
2. Considere Lucas 16:19-31: o homem rico e Lázaro
3. É impressionante o que as pessoas arriscarão por pouco dinheiro
4. O rendimento final não traz nenhuma vantagem
5. O mesmo acontece na área do prazer por uma estação
6. A alegria do céu comparada ao horror do inferno
   a. A doutrina esquecida
   b. A necessidade de ir até a beira do inferno para um vislumbre de motivação

III. CONCLUSÃO

A. CAUSE ALEGRIA NO CÉU

B. ALCANCE PECADORES PERDIDOS CADA DIA

C. A OVELHA PERDIDA

D. JESUS AINDA ESTÁ PROCURANDO OS PERDIDOS HOJE

TEMPO DE INVENTÁRIO NO CHIQUEIRO

Lucas 15:11-24

I. INTRODUÇÃO

A. TEMPO DE INVENTÁRIO

1. No tempo do pródigo, o negociante separava tempo para contabilizar todas as suas posses
2. Era o tempo quando os fatos deveriam ser encarados para lucro ou para prejuízo

B. O JOVEM QUE SEPAROU TEMPO PARA UM INVENTÁRIO NUM CHIQUEIRO

1. Quando tudo foi verificado, ele se achou um grande perdedor
2. Sua decisão: "Levantar-me-ei e vou para meu pai"

C. O QUE LEVOU A TAL PERDA E COMO RESOLVEU A QUESTÃO

II. CORPO DO SERMÃO

A. ELE REFLETIU SOMENTE NAS POSSES...EM VEZ DE REFLETIR EM DEUS (versos 11 e 12)

1. Talvez seja a história mais emocionante contada por Jesus
   a. O pai, um homem bom e compassivo
   b. A grande desgraça o levou ao pai
2. Em algum dia, uma parte de todas essas coisas será minha
   a. Certamente não pensou em Deus aqui
   b. Aproximação-se do pai por causa da herança
3. Ele consideraria essas posses inúteis, mas agora elas pareciam importantes
4. Ele não foi o único que considerou certas coisas como inúteis
   a. A pesquisa de Salomão (Ecl. 1:12-2:11)
   b. O rico jovem príncipe (Lucas 18:18-25)
5. Tua alma poderia estar dizendo ao Pai Celestial
   a. "Eu quero minha parte das posses"
   b. "Negligenciarei a Bíblia, se necessário, para obtê-las"

B. ELE CONSIDEROU APENAS SEU DESEJO...EM VEZ DE SEU FUTURO (versos 13-16)

1.“Desperdiçou seus bens vivendo dissolutamente”
2. Teve que partir para um país distante, longe de seu pai
3. Pense que muitos dos problemas dele teriam sido resolvidos se os enfrentasse
    a. Tantos hoje...um novo meio ambiente
    b. Daniel 12:4 “Muitos correrão de uma parte para outra”
4. O clamor da carne
    a. Efésios 2:3; 5:1-8
    b. O clamor da carne é por sensação
5. Aqui agora vocês têm duas direções nas quais os homens se movem
    a. Aqueles que estão procurando por satisfação nos bens materiais
    b. Aqueles que estão procurando por satisfação em sensações, drogas, bebida alcoólica, ou outros prazeres
    c. O triste quadro no chiqueiro

C. ELE ENFRENTOU OS FATOS...EM LUGAR DE FINGIR FELICIDADE (v. 17)
1. “Quando ele caiu em si”
2. “Quantos empregados têm pão em abundância”
3. Ele não ignora sua situação, como alguns teriam feito
    a. “Eu estou faminto, mas suponho que os demais também estão”
    b. “Eu estou alimentando porcos, mas milhares de outros também”
4. Alguns justificam sua miséria espiritual pensando que todos estão no mesmo barco
5. O pródigo reagiu à realidade e isso mudou sua vida

III. CONCLUSÃO

A. A GRANDE DECISÃO (versos 18-24)
1. Levantar-me-ei e vou para meu pai
2. O pai o aguarda e o recepciona

B. O PERDÃO ESTÁ DISPONÍVEL PARA TODOS QUE VÃO A DEUS ATRAVÉS DE CRISTO

C. VOLTE PARA CASA HOJE

OS PECADOS DO IRMÃO DO PRÓDIGO

Lucas 15: 25-32

I. INTRODUÇÃO

A. O RETORNO DO PRÓDIGO, UMA CENA ALEGRE

1. O pai correndo para encontrar o pródigo
2. A alegria pelo retorno dele

B. O HOMEM QUE FALHOU EM EXCESSO ACERCA DA BÊNÇÃO

1. O irmão mais velho retorna do campo
2. Ele recusa adentrar na alegria, e portanto erra em excesso
3. O que levou o irmão mais velho a perder a alegria dessa ocasião

II. CORPO DO SERMÃO

A. O PECADO DE UMA PESSOA NEGATIVA, CRÍTICA, MURMURADORA (v. 28)

1. Hoje, uma das principais evidências de nossa necessidade é o nosso negativismo, nossas murmurações, nossas reclamações
2. Quão diferentes somos daqueles santos primitivos
   a. Paulo podia cantar na cadeia, e nós ficamos mal-humorados na prosperidade
   b. Paulo se gloriava nas suas enfermidades, e nós resmungamos na abundância
   c. Se você resmunga o dia todo, não fique surpreso se ficar morto de cansaço à noite
3. Nunca os cristãos tiveram tanta prosperidade e desfrutaram tão pouco dela
4. Sobre o que os cristãos murmuram
   a. Alguns murmuram acerca dos membros de sua família
   b. Alguns murmuram acerca de seus afazeres, do governo
   c. Alguns reclamam mesmo da temperatura
   d. Alguns são especialistas em encontrar faltas
   e. Alguns murmuram a respeito de suas igrejas, pastores

5. Corações renovados encontram a suficiência em Jesus para mantê-los em constante louvor!

B. O PECADO DE UMA PESSOA OFENDIDA (v. 29 e 30)

1. O problema: "Quando este teu filho chegou"
2. Quanto da obra de Deus está impedida por este pecado!
3. No que uma pessoa ofendida se prejudica
   a. Torna-o murmurador, quando era tempo de regozijo (versos 28 e 29).
   b. Torna-o exagerado em sua justiça própria (v. 29)
   c. Torna-o alguém que tem pena de si mesmo (v. 29)
   d. Torna-o esquecido de tudo o que ele tem como filho do pai (v. 31)
4. Não é para admirar que as coisas não são como deveriam ser
   a. Você tem algo contra alguém. Corrija-se!

C. O PECADO DE UM CORAÇÃO SEM COMPAIXÃO (V. 30)

1. Por que o irmão do pródigo ficou indiferente pelo retorno dele?
2. Pelo motivo de ter ficado indiferente quando o irmão foi embora
3. O irmão do pródigo trabalhou diligentemente na fazenda da família, mas era diferente de seu pai. Ele não se preocupou com a perda do irmão. O Pai Celeste se preocupa. Você também?

III. CONCLUSÃO

A. O IRMÃO MAIS VELHO NEGLIGENCIADO PORQUE NOSSOS PECADOS SÃO REVELADOS MEDIANTE ESTUDÁ-LO

B. VOCÊ SE VÊ A SI MESMO NESSE FILHO TEIMOSO?

C. CONFESSE AQUELES "PECADOS TOLERADOS" E EXPERIMENTE A ALEGRIA DO SENHOR NOVAMENTE

FEVEREIRO

QUANDO OS CRISTÃOS SOFREM

I Pedro 4:12-19

I. INTRODUÇÃO

A. O SOFRIMENTO É UM ASSUNTO IMPOPULAR

1. A salvação é mais agradável do que o sofrimento
2. O céu é mais agradável do que uma preocupação

B. MAS O SOFRIMENTO É PARTE REAL DA VIDA

6. Cada hospital que visitamos diz que o sofrimento é real
7. Sirenes agudas cada noite dizem que o sofrimento é real
8. Angústia física, mas também mental
   a. Ann Landers e seu sucesso
   b. Organizações de prevenção de suicídio

C. OS CRISTÃOS TAMBÉM TÊM PROVAÇÕES

II. CORPO DO SERMÃO

A. NÃO É ESTRANHO QUE CRISTÃOS TENHAM PROVAÇÕES (v. 12)

1. Alguns pensam que a salvação significa não ter mais provações
2. No entanto, o caminho em direção ao céu não é fácil
3. Os cristãos têm provações porque vivem num mundo pecaminoso
   a. Somos parte da raça decaída
   b. Um mundo de guerras e rumores de guerras
   c. Um mundo de tornados e terremotos
   d. Um mundo onde o pecado corre desenfreado e a cobiça gera a violência
4. Os cristãos têm provações por causa do poder de Satanás
   a. Nós temos um adversário (Ef. 6:11-12)
   b. Considere a obra real de Satanás sobre Jó
   c. Não se surpreenda quando ele atacar você
5. Os cristãos têm provações porquanto nós estamos numa rota de colisão com este mundo
   a. Porque Jesus foi desprezado e o rejeitado (João 15)
   b. Sua vida estava em oposição ao curso deste mundo

c. Portanto, através dos séculos os cristãos têm sofrido

B. PORÉM AS PROVAÇÕES DO CRISTÃO SÃO DIFERENTES (v. 13 e 14)

1. Ele não sofre sozinho
2. Outros cristãos estão com ele no sofrimento
3. Ele tem o dia da glória pela frente (Romanos 8:18)
4. Ele pode encontrar alegria mesmo em perigo (Atos 16:25)
5. Ele pode regozijar-se mesmo nas injúrias (Mat. 5:11)
6. Mesmo em suas horas sombrias, Cristo está operando nele

C. ALGUMAS VEZES OS PRÓPRIOS CRISTÃOS TRAZEM SOFRIMENTO SOBRE SI MESMOS (v. 15-19)

1. Que nenhum de vocês sofra como um homicida: (I João 3:15)
2. Um abelhudo: alguém que mata as reputações das pessoas
   a. Muitos pensam que estão sendo desprezados por causa do testemunho deles, quando se trata apenas da maldade deles
   b. Não provoque sofrimento mediante a hipocrisia
3. Algumas vezes os cristãos comprometem-se com hábitos ou práticas que trazem sofrimento
4. Algumas vezes os cristãos sofrem devido a apostasia e o resultante castigo (Hebreus 12:6-7)

III. CONCLUSÃO

A. VOCÊ ESTÁ DISPOSTO A SOFRER COMO UM CRISTÃO?

B. SOFRIMENTO AGORA, ENTRETANTO GLÓRIA DEPOIS

C. FAÇA AS MUDANÇAS NECESSÁRIAS NA VIDA PARA ATRAIR O SOFRIMENTO A VOCÊ

O QUE FAZER COM AS ANSIEDADES DA VIDA

I Pedro 5:7

I. INTRODUÇÃO

A. O CONSELHO DE JOSEPH PARKER AOS PREGADORES

1. "Pregue constantemente para os atribulados de coração"
2. Aplicando o conselho de Parker, hoje

B. UM TEXTO BÍBLICO FAMILIAR MAS NEGLIGENCIADO

1. Alguns textos são ignorados porque são conhecidos
2. Há uma razão: São preciosos
3. Considere João 3:16; João 14:27; Romanos 8:28

C. UM TEXTO BÍBLICO PARA CRENTES ATRIBULADOS: I Pedro 5:7

II. CORPO DO SERMÃO

A. VOCÊ SE ENQUADRA NESTE VERSO

1. Lançando toda **sua** ansiedade sobre Ele
2. Muitíssimo neste mundo é impessoal
   a. A era das grandezas e dos números
   b. Segurança social, apólice de seguros, cartões de crédito
   c. Código de produtos nacionais, escaners, computadores
   d. Prenuncia o dia quando o Anticristo irá marcar cada pessoa com um número, como exigência para alguém comprar e vender
3. Deus porém, ainda reconhece você como um ser individual
   a. Deus não toma nota dos seus por meio de computadores cósmicos
   b. Ele conhece suas ovelhas pelo nome (João 10:3)
4. Jesus e o individuo
   a. Zaqueu e seu esconderijo na árvore (Lucas 19:1-10)
   b. A mulher que tocou a orla do seu manto (Mat. 9:20-22)
   c. As crianças: Ele colocou suas mãos sobre elas e orou (Mat. 19:13-15).
   d. Mesmo sobre aqueles que estiveram endemoninhados (Mat. 17:14-18)
5. Deus tem tempo para você

B. SUAS ANSIEDADES ENCAIXAM-SE NESSE VERSO

1. Lançando todas suas ansiedades sobre Ele
2. Tipos de ansiedades
   a. Ansiedades acerca de sua família, crianças, esposa, marido
   b. Finanças, futuro, trabalho, segurança, opinião pública
   c. Negócios, proximidade de uma depressão
   d. Saúde, saúde dos outros, saúde mental
   e. Situações mundiais, governo, destruição nuclear
3. Cada ansiedade que você está carregando encontra-se nesse verso
4. As ansiedades são bloqueadoras de bênçãos
5. Com as ansiedades removidas você pode experimentar a alegria do Senhor
6. A alegria do Senhor é nossa força (Neemias 8:10)

C. JESUS ESTÁ NESSE VERSO

1. Lance todas suas ansiedades sobre ELE TEM CUIDADO DE VOCÊ
2. Ninguém entende tanto quanto Jesus
3. Jesus cuida quando meu coração está magoado! Ele cuida!
4. Quem cuida quando meu coração está cansado? Ele cuida!
5. Ele está pronto para aliviar você de todas as suas ansiedades

III. CONCLUSÃO

A. VOCÊ SE ADMIRA QUE ELE CUIDA? ENTÃO VÁ PARA A CRUZ

B. AQUELE QUE CUIDOU O SUFICIENTE PARA SALVAR-NOS, CUIDARÁ DE TODAS AS NOSSAS ANSIEDADES

TRIUNFO NA TRIBULAÇÃO

Jó 19:25

I. INTRODUÇÃO

A. JÓ LEMBRADO POR SUAS MUITAS TRIBULAÇÕES

1. Sua história
2. Sua tribulação é maior que a da maioria

B. AS TRÊS PERGUNTAS DE JÓ

1. Quem do impuro tirará pureza? (Jó 14:4)
2. Se um homem rende o espírito, onde ele está? (Jó 14:10)
3. Morrendo o homem, tornará a viver? (Jó 14:14)

C. JÓ DERROTANDO A DEPRESSÃO

1. Sua confiança no Redentor vivo
2. Sua fé estende-se além de sua presente condição

II. CORPO DO SERMÃO (Jó 9:25)

A. UM AMIGO DE JÓ (v. 25)

1. "Eu sei que o meu Redentor vive"
2. A falha dos amigos terrenos de Jó
3. A função do redentor (Lev. 25:25-55)
   a. O parente em enorme necessidade
   b. O redentor chega e o alivia
4. Esse resgate traz responsabilidade
   a. Amor e obediência ao Redentor (Deut. 7:8)
   b. Mostrar seu amor e cuidado dos outros (Deut. 15:15)
   c. Mostrar compaixão e misericórdia (Deut. 24:14-22)
5. Redenção é razão para louvor (Salmo 107:1 e 2; 136: 24)

B. A FÉ DE JÓ (JÓ 9:25)

1. Eu sei que o meu Redentor vive
2. Observe a confiança de Jó
3. O redentor de Jó é identificado
   a. Cristo é o Redentor (Gal. 3:13; Rom. 3:24; Colos 1:14; I Pedro 1:18; Apoc. 5:9)
   b. Ele vive para sempre (Hebr. 7:25; Apoc. 1:17-18)
   c. No último dia, Ele estará sobre a terra

4. A morte estava por todos os lados, mas ele sabia que o seu Redentor vivia
5. As crianças estavam mortas e ele parecia estar à beira da morte
6. Jó tinha uma esperança certa num mundo de incerteza

C. O FUTURO DE JÓ (Jó 19:25-27)
1. "Em minha carne verei a Deus"
2. Seu Redentor e Deus são um e o mesmo
3. "A quem eu verei por mim mesmo"
4. Eu quero ver meu Salvador antes de todos
5. Tudo que está envolvido no futuro de Jó
    a. A obra completada do Redentor (Rom. 8)
    b. Jó estava certo da ressurreição
    c. Nós também podemos estar certos (I Cor. 15)

III. CONCLUSÃO

A. ENCONTRE O AMIGO DE JÓ
B. EXPERIMENTE A FÉ DE JÓ
C. COMPARTILHE O FUTURO DE JÓ

QUE TENS TU COM ISSO?

João 21:22

I. INTRODUÇÃO

A. OITO PALAVRAS QUE PODEM MUDAR SUA VIDA

1. Uma pergunta e uma ordem
2. A pergunta: "Que tens tu com isso?"
3. A ordem: Segue-me, tu

C. UM NOVO CAPÍTULO NA VIDA DE PEDRO

1. Ele deixou tudo para seguir Cristo
2. Ele negou seu Senhor três vezes
3. Após a ressurreição: pescaria...a montagem da cena
   a. Perguntas: Você me ama mais do que estes?
   b. O Senhor revela o mistério e morte de Pedro
   c. O que fará esse homem? Que tens tu com isso?

II. CORPO DO SERMÃO

A. CONSIDERE A PERGUNTA DO SENHOR SE VOCÊ ESTÁ PERMITINDO QUE UMA OUTRA PESSOA ESTEJA IMPEDINDO VOCÊ DE CONFIAR E SERVIR AO SENHOR

1. Que tens tu com isso?
2. Agora estamos numa área delicada
   a. Tantos atentam para as falhas dos outros
   b. Tantos se escondem por trás de hipócritas
3. Lembre: você não é responsável pelos pecados dos outros
   a. Cada um de nós dará conta de si mesmo (Rom. 14:12)
   b. Não há desculpas quando estamos diante de Deus
4. A pessoa mais próxima de você pode estar lhe impedindo de servir a Deus
   a. Pode ser que a falha seja de sua esposa ou marido
   b. Pode ser que a falha seja de seu chefe ou vizinho
5. No passado, procurando falhas nos outros...no presente, procurando a Cristo
6. O que você tem com as falhas dos outros? O que você tem com isso?

B. CONSIDERE A PERGUNTA DO SENHOR SE VOCÊ FOI MAGOADO POR OUTRO CRISTÃO

1. Quão insensíveis alguns cristãos podem ser!
2. E quão hipócritas eles freqüentemente parecem
   a. Muitos que foram magoados por outros costumam cultuar fervorosamente
   b. A causa de Cristo prejudicada por línguas imprudentes
   c. Amargura em lugar de bênção para muitos crentes magoados
   d. Incidentes e comentários destrutivos e grupos de boatos há por toda a parte
3. Confira como o boato distorceu a situação nesse texto bíblico
4. Têm sua vida cristã ou culto sido prejudicados por imprudentes? Outros têm falhado com você? Que tens tu com isso?

C. CONSIDERE A PERGUNTA DO SENHOR SE VOCÊ TEM INVEJA DOS TALENTOS OU POSIÇÃO DOS OUTROS

1. "Senhor, e deste que será?" (João 21:21)
2. Pedro quer comparar sua obra com a de João
   a. "Eu vou apascentar as ovelhas." E João o quê fará?
   b. "Eu vou morrer como um mártir". E João o quê fará?
3. Tem você perdido o melhor de Deus, por ser você invejoso?
   a. Uma outra posição? Talentos? Habilidade oratória?
   b. Um outro sucesso? Dinheiro? Atenção?
4. Que tens tu com isso? Segue-me!
5. Deus freqüentemente escolhe usar aqueles que pensam ter pouco a oferecer

III. CONCLUSÃO

A. ATÉ AGORA TEMOS CONSIDERADO ESSA ÁREA DELICADA DA VIDA

1. Talvez seja a área de fracasso para você
2. É hora de encarar a pergunta do Senhor: "E que tens tu com isso?"

B. É HORA DE PRESTAR ATENÇÃO À ORDEM DO SENHOR: "SEGUE-ME TU!"

QUE TIPO DE HOMEM É ESTE?

Marcos 4:35-41

I. INTRODUÇÃO

A. O LONGO E DIFÍCIL DIA DE PREGAÇÃO

1. As multidões eram tão grandes que Jesus teve que acomodar-se num barco
2. Tão logo afastou-se da terra, Ele as ensinava (Marcos 4:1)

B. A MULTIDÃO PRESTA ATENÇÃO

1. Todos se reuniram ao longo da praia
   a. Alguns sentaram-se sobre a areia, o mais próximo possível da água
   b. Alguns deixaram que as ondas cobrissem seus pés para obter alívio do calor do dia
   c. Praia acima, alguns sentaram-se sobre a madeira atirada sobre a areia, e outros, permaneceram nos barcos
2. Eles ouviram acerca do semeador, da candeia acesa, e da semente de mostarda, que é semelhante ao reino de Deus

C. FINALMENTE, JESUS E OS DISCÍPULOS FICAM SOZINHOS

1. A aventura começa, o convite, a tempestade, o milagre
2. Que tipo de homem é este?

II. CORPO DO SERMÃO

A. ELE É UM HOMEM QUE CONVIDA-NOS A TRABALHAR COM ELE (versos 35-36)

1. "Passemos para o outro lado"
2. Um convite cheio de promessas
   a. A promessa de sua companhia na jornada
   b. A promessa da sua comunhão do outro lado
   c. A promessa da passagem segura para o outro lado!
3. Quão semelhante isso é a vida cristã
   a. Aqui nesta praia estamos freqüentemente cansados
   b. Jesus convida-nos para trabalhar com Ele do outro lado
   c. Aqueles que aceitam seu convite chegarão com segurança

B. ELE É UM H OMEM QUE ESTÁ CONOSCO EM TODAS AS TEMPESTADES DA VIDA (verso 37)

1. "E levantou-se uma grande tempestade de vento"
2. Que grande tempestade ela devia ter sido!
   a. O enorme vendaval...o trovão retumbante...faiscante
   b. As ondas estouraram dentro do barco
3. Quão poderosos e devastadores os cataclismas da natureza podem ser
   a. Nem sempre foi assim
   b. A terra sofre desde a queda do homem
   c. A terra em dores de parto, terremotos, etc. (Rom. 8:22)
4. Há uma lição aqui: Tempestades vêm para os discípulos
   a. Ele estiveram viajando com Jesus
   b. Eles obedeceram a Jesus, contudo, a tempestade veio
   c. E você pode estar passando por uma tempestade, embora seja do Pai
5. Propósitos das tempestades
   a. A tempestade de Jonas...retirá-lo da apostasia
   b. A tempestade de Paulo...abrir novas portas para testemunhar
   c. A tempestade dos discípulos...provar sua fé. Mas Jesus estava com eles na tempestade

C. ELE É UM HOMEM QUE ESTÁ PRONTO PARA QUALQUER OCASIÃO (versos 38-40)

1. Ele estava sonolento, cansado
   a. Compare a Isaías 40: 28 "nem se fatiga"
   b. Jesus era, de fato, um ser humano (Filipenses 2:5-7; Hebreus 4:14-16)
2. "Mar, aquieta-te" HOUVE UMA GRANDE CALMA! (verso 39):
   a. As ondas cessaram: o mar acalmou-se
   b. A lua surgiu através das nuvens
   c. Os únicos sons eram o leve movimento do barco, e o ligeiro movimento cardíaco dos discípulos

III. CONCLUSÃO

A. JESUS E AS TEMPESTADES DE HOJE

B. JESUS PODE ACALMAR SUA TEMPESTADE E DAR-LHE PAZ

A PERGUNTA DE PILATOS

Série sobre a Cruz *Mateus 27:22*

I. INTRODUÇÃO

A. O CENÁRIO DA CENA

1. O cenáculo, a última páscoa, a primeira comunhão
2. O jardim do Getsêmane, a traição, a negação, a morte de Judas
3. Cristo diante de Pilatos...Pilatos diante de Cristo
4. O juiz terreno...diante do juiz de toda a terra

B. O APURO DE PILATOS

1. A atitude de seu prisioneiro
2. O conselho de sua esposa
3. A raiva dos judeus

C. A PERGUNTA QUE FAZ PILATOS HESITAR

II. CORPO DO SERMÃO

A. É UMA PERGUNTA DE DECISÃO PESSOAL..."EU"

1. Essa é uma decisão que o soberbo juiz preferiria evitar
2. As pressões e as forças que pesavam sobre sua mente:
   a. Seu notável prisioneiro
      (1) O contraste dos dois prisioneiros
      (2) O que Pilatos queria mesmo é ter decidido acerca de Barrabás
      (3) Alguns pensam somente acerca de uma desesperada carência de Cristo
   b. Sua nervosa esposa
      (1) Seu sonho e conselho ao seu marido
      (2) Alguns pensam acerca de Cristo como alguém apenas perturbado emocionalmente
   c. A barulhenta multidão
      (1) O Cristo quieto e o contraste
      (2) Deixe a multidão decidir; alguns ainda fazem isso
3. A decisão final ficou com Pilatos; ele não poderia escapar

B. É UMA PERGUNTA QUE REQUER AÇÃO..."FAZER"

1. Pilatos e sua bacia de lavar mãos
   a. Tentando escapar de sua decisão
   b. A diplomacia de neutralidade de Pilatos
2. Entretanto, essa é uma pergunta acerca da qual você deve agir, você deve decidir
3. Algumas opções
   a. Você pode decidir recebê-lo ou rejeitá-lo
   b. Você pode decidir obedecê-lo ou desobedecê-lo
   c. Você pode decidir confessá-lo abertamente ou negá-lo
   d. Você pode fazê-lo Senhor da sua vida ou desconsiderá-lo
4. O que você vai fazer?

C. É UMA PERGUNTA ACERCA DE JESUS... "JESUS"

1. Outras decisões de Pilatos, menores diante da considerada
   a. Você não tem outra decisão tão importante quanto essa
   b. Todas as outras são temporais, essa é eterna
2. A pergunta que a raça humana inteira tem de responder
3. Acerca de Jesus, não acerca da igreja, cerimônias religiosas, ou dízimo
4. Cristo, o Criador, Salvador, JUIZ!
5. Escolha hoje entre Cristo e Barrabás!

III. CONCLUSÃO

A. ENTÃO, O QUE VOCÊ VAI FAZER COM JESUS?

1. É uma Pergunta Pessoal
2. Pergunta que requer ação
3. Pergunta acerca de Jesus

B. A CHAMADA A UMA DECISÃO, UM COMPROMISSO

TRÊS CRUZES NO MONTE DO CALVÁRIO

Série sobre a Cruz *Lucas 23:33-43*

I. INTRODUÇÃO

A. TRÊS GRANDES INCENTIVOS PARA VIVER POR CRISTO

1. A santidade de nosso Deus (Isaias 6)
2. O Retorno de Cristo (I João 2: 28)
3. A Cruz: A maior demonstração de sua santidade e amor

B. OLHEMOS PARA O CALVÁRIO

1. Jesus morrendo ali com dois ladrões: Um de cada lado
2. Um morrendo pelo pecado. Um morrendo em pecado. Um morrendo arrependido do pecado
3. Dois eram completamente culpados. Um completamente inocente
4. Dois pagando seu débito à sociedade. Um pagando NOSSO débito do pecado

II. CORPO DO SERMÃO

A. OLHE PARA O CALVÁRIO E VEJA DOIS HOMENS NA MESMA CONDENAÇÃO (versos 39-40)

1. A zombaria do primeiro ladrão
2. O outro ladrão e suas notáveis observações
   a. Estabelece uma grande verdade espiritual
   b. Reconhece sua própria culpa (v. 41)
3. A verdade mais difícil de aceitar sobre a terra
   a. Que todas as pessoas são igualmente culpadas diante de Deus
   b. Como nós classificamos a humanidade: Raça... Aparência... Lugar... Porém com Deus... apenas GRAÇA
4. Não há diferença:
   a. O prefeito e o auxiliar de trânsito
   b. A atriz e a prostituta
   c. O médico e o paciente
   d. O policial e o criminoso
5. Tão difícil para compreender que todos estão perdidos

a. Joseph Parker: "Se somente eu pudesse encontrar um pecador"
b. Jesus, o amigo de pecadores

B. OLHE PARA O CALVÁRIO E VEJA DOIS HOMENS; AMBOS PEDEM SALVAÇÃO A JESUS (versos 39 e 42)
1. Ambos pediram a Jesus para salvá-los
a. "Se...salva-te a ti mesmo e a nós"
b. "Senhor,...lembra-te..."
2. O primeiro pediu para ser salvo da situação
3. Muitos oram quando em tribulação, mas esse tipo de oração não salva
4. A DIFERENÇA: O outro orou para ser salvo do seu PECADO:
a. Aqui há convicção genuína
b. Convicção precede conversão. TODOS SÃO CULPADOS DIANTE DE DEUS
c. Esse ladrão abrangeu as verdadeiras questões da vida
(1) Ele admite seu pecado e aceita Cristo como seu Senhor
(2) Ele antecipa a ressurreição de Cristo
(3) Ele antecipa sua própria ressurreição
(4) Ele olha para Jesus na sua Humilhação e enxerga Um REI

C. OLHE PARA O CALVÁRIO E VEJA JESUS, CUJO PROPÓSITO É SALVAÇÃO
1. AMÉM. O ladrão orou e Jesus disse AMÉM a sua oração
2. JESUS TEVE TEMPO PARA GANHAR MAIS UMA ALMA
3. Perguntas respondidas naquele dia
a. Pode alguém ser salvo na hora da sua morte?
b. Pode alguém ser salvo após uma vida de iniqüidade?
c. Pode alguém ser salvo sem batismo ou comunhão?
d. Pode alguém ter certeza do céu após a morte?

III. CONCLUSÃO

A. TUDO ACERCA DA HUMANIDADE É VISTO NA CRUZ
B. DOIS CAMINHOS! QUAL VOCÊ ESCOLHERÁ?

ALI, ELE O VIGIAVAM

Série sobre a Cruz — *Mateus 27:36*

I. INTRODUÇÃO
  A. ESTUDOS ACERCA DA PAIXÃO E PODER DE NOSSO SENHOR
    1. A cruz dentro da Páscoa
    2. Essa intensa hora: as últimas palavras de Cristo, último olhares
  B. MOVENDO-SE SEMPRE EM DIREÇÃO À CRUZ
    1. A Páscoa, a Mesa do Senhor, a atraição
    2. O julgamento ridículo
    3. Pilatos: "Eis o homem"
    4. Relato da crucificação (Mateus 27: 27-36)
  C. OS SOLDADOS JUNTO À CRUZ

II. CORPO DO SERMÃO
  A. OS SOLDADOS OBSERVAVAM COMPLACENTEMENTE AHORA DA CRUCIFICAÇÃO
    1. Esses soldados testemunharam muitas crucificações
      a. Dário crucificou duzentos quando conquistou Babilônia
      b. Alexandre crucificou dois mil quando conquistou Tiro
      c. Um meio comum de punição capital para os romanos
    2. Para eles, apenas outra execução
    3. Essa pode ser a razão de a cruz significar tão pouco para muitos hoje
      a. Eles mutilaram o Mestre antes dele chegar à cruz
      b. Eles duvidaram do seu nascimento de uma virgem e rejeitaram sua divindade
      c. Eles não aceitaram seus milagres. Apenas um outro homem
    4. Quem morreu naquele dia?
      a. Um de quem os profetas falaram (Is. 50:6 e Is. 53)
      b. Alguém que nasceu milagrosamente (Isaías 7:4; Lucas 2:1-14)
      c. Um que podia abrir olhos dos cegos e mesmo ressuscitar mortos

5. Observe quem está morrendo ali e você nunca esquecerá isso
6. Gypsy Smith: "Eu nunca perdi a admiração de tudo isso"

B. ELES OBSERVAVAM CALMAMENTE NA HORA DA MAIOR CRISE DO MUNDO
1. Aquela foi a hora dos séculos, e eles não se movimentaram
2. Quando a escuridão sobreveio e a terra tremeu, o chefe deles seria finalmente sacudido e exclama: "Verdadeiramente este era o Filho de Deus"
3. Eles foram apenas observadores enquanto a cena se descortinava diante deles
   a. Ali estiveram os sacerdotes que escarneceram dele
   b. Os ladrões que lançaram o mesmo no rosto dele
   c. O discípulo vagueando fora, ao longe, em lágrimas
   d. O pequeno grupo de alguns fiéis perto da cruz
4. As forças do céu e da terra permaneceram equilibradas
   a. Ele poderia ter chamado dez mil anjos
   b. A terra hesitou entre destruição e libertação
5. Essa é também uma hora de crise, e muitos estão imóveis

C. ELES OBSERVAVAM DESATENTAMENTE NA HORA DO MAIOR EXEMPLO DO CUIDADO DE DEUS
1. Eles tinham feito jogo com as vestes de Jesus, lançando sortes
2. Eles ouviram as palavras da cruz
   a. "Pai, perdoa-lhes..."(Lucas 23:34)
   b. "Hoje, estarás comigo..."(Lucas 23:43)
   c. "Mulher, eis teu filho..."(João 19:26)
   d. "Meu Deus, meu Deus, por quê..."(Mateus 27:46)
   e. "Tenho sede..."(João 19:28)
   f. "Está terminado..."(João 19:30)
   g. "Em tuas mãos entrego meu espírito"(Lucas 23:46)
3. Eles viram tudo isso, conheceram todos os fatos, mas nãoderam esposta
4. Você já respondeu ao amor de Deus?

III. CONCLUSÃO

A. O QUE SIGNIFICA PARA VOCÊ A MORTE DE CRISTO?
B. COMO A MORTE DE CRISTO AFETA SUA VIDA?
C. CONFIE NAQUELE QUE MORREU POR VOCÊ

MARÇO

PERDOA-LHES

Série sobre a Cruz *Lucas 23:34*

I. INTRODUÇÃO

A. O FOCO NA CRUZ PARA TRAZER AVIVAMENTO

1. A igreja do Novo Testamento, nosso exemplo de avivamento
2. Sua mensagem: a cruz e a ressurreição

B. APROXIMANDO-SE DA CRUZ

1. O julgamento...a zombaria...a coroa de espinhos
2. A crucificação em si
3. A primeira palavra de Jesus, na cruz

II. CORPO DO SERMÃO

A. UMA ORAÇÃO... "PAI"

1. Naquele tempo de desespero, Jesus orou
2. Nós nos tornamos tolerantes acerca da seriedade da hora
   a. O céu está cheio de nuvens de tempestade
   b. O programa profético das eras é focalizado
   c. A ameaça nuclear vinte e quatro horas por dia
   d. O tempo está escoando
3. É tempo de orar
4. A oração sempre é a base do avivamento
   a. Moody: "Cada obra de Deus pode ser traçada até uma pessoa ajoelhada"
   b. II Crônicas 7:14:Um texto de avivamento que enfatiza a oração
   c. Chamando igrejas à oração

B. UMA ORAÇÃO POR PERDÃO... "perdoa..."

1. Que boa palavra ela é!
2. Que excelente que os antecedentes podem ser apagados
3. Essa foi a mensagem da igreja do Novo Testamento
4. Joseph Parker: "Eu tenho uma mensagem extraordinária; se apenas eu pudesse encontrar um pecador"

5. Cristo foi capaz de perdoar pecados, e isso fez seus críticos ficarem admirados
6. Você é culpado? Aqui há boas notícias! Jesus perdoa

C. UMA ORAÇÃO PELO PERDÃO DAQUELES QUE O CALUNIARAM... "perdoa-lhes"

1. Então...A primeira palavra é a palavra de ligação
2. O maior obstáculo ao avivamento é a falta de perdão entre o povo de Deus
   a. Antigos ressentimentos... alimentando antigas mágoas... malícia
   b. A igreja prejudicada por queixas mesquinhas
3. Barreiras entre crentes
4. Contudo, ninguém foi caluniado como foi Jesus
5. Você pode perdoar! Você quer?

III. CONCLUSÃO

A. VENHA PARA A CRUZ!

B. O CHAMADO PARA O PERDÃO

1. Desde que Ele perdoa, nós devemos perdoar
2. Nós podemos perdoar, porquanto fomos perdoados

HOJE NO PARAÍSO

Série sobre a Cruz *Lucas 23:39-44*

I. INTRODUÇÃO
  A. PAI, PERDOA-LHES
    1. Tornar-nos-ía perdoadores...pacientes...fiéis
    2. A palavra que reteve a ira de Deus
  B. A SEGUNDA PALAVRA DA CRUZ
    1. "Hoje estarás comigo no paraíso"(v. 43)
    2. Uma palavra de segurança pessoal...e desafio

II. CORPO DO SERMÃO
  A. É UMA PALAVRA DE PERDÃO
    1. Essa palavra falada a um homem completamente consciente de seu pecado
    2. Muitas coisas que não sabemos acerca desse ladrão
      a. Nome
      b. Idade
      c. Crime
    3. Evidência da operação de Deus em seu coração
      a. Consciente de que Deus conhece seu coração
      b. Tornou-se reverente em relação a Deus (v. 40)
      c. Considera-se culpado (v.41)
    4. Certeza que pecados são perdoados
      a. Oração respondida
      b. Promessa de vida eterna da parte do Senhor
  B. É UMA PALAVRA PESSOAL
    1. "Comigo" (v. 43)
    2. O ladrão clama por salvação pessoal
    3. Senhor! Lembra-te de mim! (v. 42)
      a. A oração de fé: "Senhor!"
      b. Nunca viu um milagre ou ouviu um sermão
      c. Olhou para o crucificado e chamou-o Senhor
      d. "Lembra-te de mim". Espere nele para completar a obra

4. J. C. Ryle, "Certamente nunca houve tal fé desde que o mundo começou"

C. UMA PALAVRA ACERCA DO PARAÍSO

1. "No paraíso"
2. Estaremos no céu com Jesus quando morrermos
3. Promessas, e problemas resolvidos por essa declaração
   a. A eternidade está apenas a um passo daqui
   b. Nenhuma alma dorme em estado de inconsciência
   c. A salvação não é por meio de obras ou atos religiosos. Nem tempo houve para esses
   d. Os crentes vão para um lugar melhor
4. O que significa o céu para nós

III. CONCLUSÃO

A. JESUS GANHA MAIS UMA ALMA PARA LEVAR À GLÓRIA, ENQUANTO MORRE NA CRUZ

1. Nós temos nossas desculpas mesquinhas para não alcançar outros
2. Mesmo em todo desconforto e agonia na cruz, Cristo ganha mais um

B. TEM VOCÊ A CONVICTA ESPERANÇA DO LADRÃO MORIBUNDO?

C. QUE ESPÉCIE DE LADRÃO É VOCÊ?

MULHER, EIS AÍ O TEU FILHO

Série sobre a Cruz *João 19:26*

I. INTRODUÇÃO

A. AS PRIMEIRAS TRÊS PALAVRAS DA CRUZ

1. "Pai, perdoa-lhes". Expressão de perdão pelo perfeito Filho
2. "Hoje, estarás comigo no paraíso". Expressão de segurança pelo perfeito Salvador
3. "Mulher, eis aí teu filho". Expressão de afeição pelo perfeito homem

B. G. CAMPBELL MORGAN ACERCA DESSAS PALAVRAS

1. A primeira: Sua misericórdia pelo ser humano
2. A segunda: Seu poder em relação aos que crêem nele
3. A terceira: Sua provisão para aqueles sobre quem seu amor é dirigido

II. CORPO DO SERMÃO

A. ESSA PALAVRA LEMBRA-NOS DE JESUS E DA FAMÍLIA

1. Em sua hora final, Jesus fala da maternidade e filiação
2. A família é instituída por Deus
   a. Escolhido para nascer numa família terrena
   b. Escolhido para aceitar a educação e disciplina de um lar
   c. Ensinou que casamento é para esta vida
   d. Insistiu na santidade do lar
   e. Mostrou seu amor pelas crianças
3. Cristo deseja ser o centro de cada lar
4. "Se o Senhor não edificar a casa, em vão trabalham os que a edificam" (Salmos 127:1)
5. Feliz é o lar onde Cristo é verdadeiramente o cabeça
   a. Ele quer remover a rivalidade do seu lar
   b. Ele quer plantar amor em seu lar

B. ESSA PALAVRA LEMBRA-NOS DE JESUS E OS POUCOS FIÉIS

1. Somente poucos estavam lá: quatro mulheres e um homem
2. Mateus 26:56: "Todos deixaram-no e fugiram"

3. Mas João retornou...o amor o atrai
4. Quão poucos foram os fiéis...mas quão fiéis foram os poucos!
5. Eles permaneceram junto à cruz
   a. Não foi um lugar fácil para permanecer
   b. Maria e a profecia cumprida, "Uma espada transpassará" (Lucas 2:35)
   c. Os homens estão querendo reunir a tantos sob muitas bandeiras e causas
   d. Poucos querem permanecer junto à cruz
   e. Mártires da cruz através das eras, ambos homens e mulheres
6. A maior parte da obra de Cristo tem sido feita pela minoria
7. "Na verdade, a seara é grande, mas os trabalhadores são poucos (Mateus 9:37)

C. ESSA PALAVRA LEMBRA-NOS DE JESUS E SUA FIDELIDADE A NÓS
1. "Mulher, eis aí teu filho!" "Eis aí tua mãe"
2. Repare que João ficou encarregado de cuidar de Maria
3. Jesus tem cuidado pelas necessidades de Maria
   a. Pelas suas necessidades emocionais...ela foi despedida antes da escuridão
   b. Pelas suas necessidades espirituais...Ele morreu por ela...por você e por mim
   c. Pelas suas necessidades temporais...João ministrará a ela
4. João passou a ser um representante pessoal para Cristo
5. Nós também somos designados para ser embaixadores e representar Cristo aos outros. (II Cor. 5:20)

III. CONCLUSÃO

A. O QUE ESSA DECLARAÇÃO DA CRUZ DIZ A VOCÊ?
B. COMO VOCÊ RESPONDERÁ?
C. VOCÊ PERMITIRÁ CRISTO SER O SENHOR DO SEU LAR?
D. SERÁ VOCÊ FIEL A ELE, MESMO QUE ISSO SIGNIFIQUE NÂO ESTAR NA MINORIA?

JESUS ENTRE PECADORES

Série Sobre a Cruz *Mateus 27:46*

I. INTRODUÇÃO

A. AS TRÊS PRIMEIRAS PALAVRAS DA CRUZ

1. "Pai, perdoa-lhes". Mostra sua misericórdia pelos homens
2. "Hoje, estarás comigo". Mostra seu poder para salvar
3. "Mulher, eis aí teu filho". Mostra sua provisão por aqueles que Ele amou

B. A DIFÍCIL PALAVRA

1. Lutero desespera-se: "Deus esqueceu de Deus, quem pode entender isso?"
2. Essa é a palavra que identifica Jesus com os pecadores

II. CORPO DO SERMÃO

A. JESUS IDENTIFICA-SE COM A ESCURIDÃO DOS PECADORES (v. 45)

1. A escuridão desce sobre a terra inteira durante três horas
   a. Há muitas explicações para isso, mas isso é sobrenatural
   b. Phlegon_no 4º ano da 202ª Olimpíada registrou uma escuridão sobre toda a Europa
   c. Tertuliano registra uma escuridão de proporções mundiais, a qual os estadistas romanos não puderam explicar
   d. Ocorrência de um eclipse impossível: era tempo de lua nova e a duração da escuridão bastante longa
2. Ilustrações que a escuridão sobrenatural nos trouxe por meio do pecado
   a. A mente do homem se obscureceu (Rom. 1:21)
   b. As ações dos homens, separados de Deus, são chamadas obras das trevas (Rom. 13: 12-14)
   c. O homem se submete a Satanás, o qual é chamado o príncipe do mundo das trevas (Ef. 6: 12; Efésios 5: 1-11)
   d. O pecado, ao final, conduz às trevas eternas (Mat. 8: 12; 22:13)
3. Jesus, a luz do mundo, morre na escuridão, para nos livrar da escuridão (Col. 1: 12-14; João 8:12)

B. JESUS SE IDENTIFICA COM A INCERTEZA DOS PECADORES (v. 46)
   1. Meu Deus! Meus Deus! Por que???
   2. Jesus, quem sempre teve a certeza a cerca de tudo
      a. A experiência entre os doutores aos doze anos de idade (Luc.2:39-52)
      b. No casamento em Caná (João 2: 1-12) e na alimentação das 5000 pessoas (João 6; Mateus 14)
      c. Quando a tempestade rugia sobre o Mar da Galiléia (Marcos 4: 35-41)
   3. Os homens perdidos vivem num mundo de incerteza
      a. Por que eu estou aqui?
      b. O que significa a vida?
   4. Essa incerteza conduz à agonia da alma
      a. Isaías: "Os ímpios são como o mar agitado" (Is. 57: 20-21)
      b. A agonia espiritual do pecado: o ébrio, o ladrão, o mentiroso, o adúltero, o fofoqueiro
   5. Você sente agonia da alma, hoje, que vem do pecado?
   6. Jesus a sente com você...sofre com você a incerteza

C. JESUS SE IDENTIFICA COM A SEPARAÇÃO DO PECADOR DE DEUS (v. 46)
   1. "Por que me abandonaste?"
   2. Impossível para Deus Pai considerar a cerca de Deus Filho quando Ele tomou o lugar do pecador
   3. John R. Rice: "Para entender isso, seria necessário você estar sem pecado, e ir ao inferno nesse estado"
   4. Não diga "Pai", mas ocupe o lugar de uma alma perdida
   5. Ele foi abandonado para que você nunca fosse abandonado (Hebreus 13: 5)

III. CONCLUSÃO

A. NÃO É NECESSÁRIO QUE VOCÊ CONTINUE NA ESCURIDÃO E NA INCERTEZA

B. VOCÊ VAI IDENTIFICAR-SE COM ELE?

C. VOLTE-SE DO PECADO PARA CRISTO E CONFIE NELE COMO SEU SALVADOR

O SALVADOR SEDENTO

Série Sobre a Cruz *João 19: 28*

I. INTRODUÇÃO

A. A MENSAGEM DA CRUZ É ATUAL?

1. Que mensagem há nela para os homens da era espacial?
2. As palavras do Mestre aplicam-se aos homens da era dos mísseis?
3. Podem os eventos ocorridos sobre um monte há 2000 anos atrás afetar-nos agora?
4. Pode a morte de um homem crucificado afetar os homens numa era em que milhares podem serem mortos com uma bomba?
5. Tem importância para os homens que andaram na lua que o sol escureceu em pleno meio-dia?

B. DUAS CURTAS PALAVRAS MOSTRAM-NOS QUÃO ATUAL É A MENSAGEM DA CRUZ: "TENHO SEDE"

II. CORPO DO SERMÃO

A. JESUS DISSE "Tenho sede" PORQUE ELE MORREU COMO UM HOMEM

1. O propósito primário de João foi demonstrar a divindade de Cristo, mas aqui ele demonstra a humanidade dele
2. Veio para sentir o que nós sentimos e conhecer nossas necessidades
   a. Crescimento (Lucas 2:52)
   b. Cansaço (João 4:6; comparar com Isaías 40: 28-31)
   c. Fome (Mateus 4:2)
   d. Sono (Marcos 4:2)
   e. Choro (João 11:35)
   f. Comoção (João 11:33)
3. A raça humana pecou e devia morrer
4. Ele recusou a bebida preparada para sedar sofrimento (Mateus 27-34)
   a. Ele devia sentir todo o sofrimento merecido pela humanidade

b. Nenhum nervo deveria ser menos sensível durante sua morte pelo ser humano

5. Os homens ainda sentem a mesma dor, sofrimento e necessidade como o foi através dos séculos

B. JESUS DISSE "TENHO SEDE" PORQUE ELE EXPERIMENTOU A SEDE DO INFERNO PELO SER HUMANO

1. A terrível sede do inferno (Lucas 16:19-31)
   a. Quão real a sede física deve ser
   b. Uma miragem no deserto e como afeta as pessoas
2. Aquelas três horas de escuridão, enquanto Jesus nos substituiu são difíceis de compreender na agonia de Jesus
3. Ali, comprimido dentro de duas horas, estava uma eternidade no inferno
4. Daí o clamor: "Meu Deus, Meus Deus"
5. Isso vai além da seda física, passando para a sede da alma
6. Nesta era espacial, as pessoas ainda morrem e vão para o inferno
7. Nesta era espacial, elas têm tal sede espiritual que isso as leva à bebida, às drogas e ao crime

C. JESUS DISSE: "Tenho sede" PORQUE ELE DEVIA CUMPRIR A ESCRITURA E VALIDAR SUA MENSAGEM A TODOS

1. Para que a escritura pudesse ser cumprida (Salmo 69: 21)
2. Ao menos 333 profecias do Antigo Testamento convergem em Jesus
3. E 240 dessas foram cumpridas pela ocasião de sua ascensão
4. A palavra de Deus é tão importante para o Salvador, que Ele pronunciará cada palavra necessária para cumprí-la
5. Deixe que os outros neguem isso. Jesus declara ser isso verdade
6. A Bíblia prevalece

III. CONCLUSÃO

A. VOCÊ AINDA DUVIDA SE ELE SE PREOCUPA COM VOCÊ?

B. A CHAMADA PARA ALMAS SEDENTAS

"Este frágil vaso que o Senhor fez, nenhumas outras mãos a não ser tuas podem encher. As águas deste mundo falharam...E eu continuo sedento"

ESTÁ CONSUMADO

Série Sobre a Cruz *João 19:30*

I. INTRODUÇÃO

A. SÃO APENAS POUCOS DIAS DO DOMINGO DE RAMOS ATÉ À CRUCIFICAÇÃO

1. Quão instável é o louvor do mundo!
2. Num dia você é coroado, no próximo, crucificado
3. O som das hosanas mal terminaram, quando eles começaram a gritar: "Fora com ele! Crucifica-o!"

B. AS SETE DECLARAÇÕES DE CRISTO DESDE A CRUZ

1. "Pai, perdoa-lhes..."
2. "Hoje, estarás comigo..."
3. "Mulher, eis teu filho..."
4. "Meu Deus, Meus Deus"
5. "Tenho sede"
6. "Está consumado..."
7. "Em tuas mãos..."

C. "ESTÁ CONSUMADO" A SEXTA PALAVRA

II. CORPO DO SERMÃO

A. A PALAVRA DE CONCLUSÃO

1. Muitos deixam este mundo com suas tarefas incompletas
   a. A caneta pende da mão do escritor
   b. O pincel do pintor cai em frente do quadro
   c. O cinzel tomba do punho do escultor
2. Mas Cristo é o grande aperfeiçoador:
   a. Criação concluída (Gen. 2:1)
   b. Concluídos o novo céu e a nova terra (Apo. 21: 6)
   c. Redenção concluída (João 19:30)
3. O que Cristo completou na Cruz
   a. Completou todas as exigências da lei (Col. 2:14-17)
   b. Completou todos os sacrifícios do Velho Testamento (Hebreus 10: 11-18)
   c. Completou todo o sofrimento exigido para pagar por

nossos pecados (I João 1:7)
4. Jesus saldou a dívida

B. A PALAVRA DE CONQUISTA
1. Com um grande brado (Mat. 27:50; Marcos 15:37; Lucas 23:46)
2. Não um suspiro de derrota, mas um grito de vitória!
3. Foi suficiente forte para o diabo ouvir!
   a. A promessa no Jardim do Éden (Gên. 3:15)
   b. Satanás e todos os demônios foram derrotados no Calvário (Col. 2:15)
4. O pedido da multidão: "Desça da Cruz!" (Mat. 27:38-44)
5. Dez mil anjos permaneciam prontos à sua disposição
6. Mas Jesus permaneceu na cruz, derrotando Satanás
7. Isso é suficiente para a defesa do Cristianismo ESTAMOS EQUIPADOS PARA VENCER! TEMOS UM CRISTO VITORIOSO!

C. A PALAVRA DE CONFORTO
1. O débito do pecado está verdadeiramente pago
2. Nesse sentido só há uma palavra na língua grega: "Tetelestai"
3. A palavra para recibos de impostos (pago completamente)
4. Como nos sentimos bem ao ter uma conta paga!
5. Essa é a palavra que garante a paz
6. O que isso deve ter significado para o ladrão agonizante
7. Que paz isso deve ter trazido ao seu coração!

III. CONCLUSÃO
A. CRISTO TAMBÉM PAGOU SEU DÉBITO
B. CONFIE EM CRISTO E SEJA SALVO
C. DESCANSE EM SUA OBRA COMPLETADA NA CRUZ POR VOCÊ

A PALAVRA DE GARANTIA

Série sobre a Cruz *Lucas 23:44-46*

I. INTRODUÇÃO

A. A SÉTIMA PALAVRA DA CRUZ

1. Começa igual a primeira: "Pai"
2. A primeira, em favor dos outros
3. A sétima, uma palavra pessoal, a favor de si próprio

B. LIÇÕES DA ÚLTIMA PALAVRA DO SENHOR

II. CORPO DO SERMÃO

A. TODOS NÓS PODEMOS TER UM RELACIONAMENTO PESSOAL COM NOSSO PAI CELESTIAL

1. Deus nos criou para a comunhão consigo mesmo
2. Essa comunhão foi rompida pela queda da humanidade no pecado
3. Cristo veio para pagar nosso débito do pecado e restaurar-nos para Deus
4. Nós somos mais do que corpos e mentes
5. Nós somos corpo, alma e espírito
   a. Mediante o corpo, somos conscientes do mundo
   b. Mediante a alma, somo autoconscientes
   c. Mediante o espírito, somo conscientes de Deus
6. Porém, na queda todos nos tornamos espiritualmente mortos (Gen. 2:17)
7. Jesus morreu para restaurar a comunhão com o Pai e dar-nos vida nova mediante um renascimento espiritual (Ef. 2:1)

B. ADENTRAMOS NESSE RELACIONAMENTO PESSOAL ATRAVÉS DE UMA FÉ HUMILDE

1. "Pai". Quão simples e humilde essa expressão é
2. Recebendo Cristo pela fé, nós nos tornamos filhos de Deus (João 1:12)
3. Esse novo relacionamento faz-nos parte da família de Deus e todos os crentes tornam-se nossos irmãos e irmãs.

4. As muitas promessas de provisão da parte do Pai Celestial tornam-se nossas
5. Nosso Pai Celestial é rico e capaz de prover todas as nossas necessidades
6. Nenhum ato religioso pode efetuar esse novo relacionamento, somente a fé em Cristo (Ef. 2:8-9)

C. PODEMOS TER ABSOLUTA CERTEZA DA VIDA APÓS A MORTE FÍSICA

1. "Nas tuas mãos entrego o meu espírito"
2. Há aqui muitas lições
   a. Em seus últimos momentos Jesus tinha pleno controle
   b. Ele estava em perfeito relacionamento com seu Pai
   c. Ele tinha perfeita dependência de seu Pai para tudo, além terra
   d. Sua morte foi inteiramente voluntária
   e. Ele estava completamente submisso à vontade do Pai
   f. Ele triunfou sobre a morte
   g. Na morte Ele experimentou perfeita paz
   h. Ele expressou seu espírito humano e a possibilidade de certeza quanto ao seu destino
   i. Ele não morre como um mártir, mas como o Salvador...no plano de Deus
   j. Ele veio para morrer, não apenas como um exemplo moral
   k. Ele foi o substituto dos pecadores, e cumpriu sua missão como predita pelas escrituras proféticas

III. CONCLUSÃO

A. VENHA POR FÉ AO ÚNICO QUE MORREU POR VOCÊ

B. TORNE-SE UM FILHO DO PAI CELESTIAL E EXPERIMENTE SUA PAZ NAS MAIS DOLOROSAS SITUAÇÕES DA VIDA

DEPOIS DA CRUZ

Série sobre a Cruz *Mateus 27:51-54*

I. INTRODUÇÃO

A. A MONTAGEM E A CENA

1. A hora que o mundo tem esperado
2. O amor do Pai é cumprido conforme Isaías 53

B. REDENÇÃO É REALIZADA

1. As sete últimas palavras
2. O cântico dos santos através da eternidade (Apoc. 5:9,10)

C. APÓS A CRUZ

II. CORPO DO SERMÃO

A. O VÉU RASGADO (v. 51)

1. A história do véu (Hebreus 9:1-15)
   a. O dia da expiação, uma vez por ano
   b. Como o sumo sacerdote entrava no lugar santíssimo
2. O véu foi rasgado antes do terremoto
3. O véu foi rasgado de cima para baixo
4. A entrada agora através de Cristo (Hebreus 10:19-21)
   a. O sacerdócio abolido (I Pedro 2:9)
   b. A Lei agora cumprida (Col. 2:14-17)

B. A RESSURREIÇÃO DOS MORTOS (versos 52-53)

1. Fala da vitória sobre o túmulo
2. Note os túmulos abertos três dias antes dos santos ressuscitarem
3. Algo diferente acerca daqueles túmulos desde a morte de Cristo
4. Um túmulo cristão é um local de antecipação

C. A REAÇÃO DO CENTURIÃO (v. 54)

1. Quão apropriado é que alguém fosse convencido junto à morte de Cristo
2. "Verdadeiramente este homem era o Filho de Deus"
3. A tradição relata que ele se tornou um pregador e um mártir

D. O AVIVAMENTO DOS CRISTÃOS (versos 57-61)

1. José de Arimatéia tinha sido um discípulo secreto (João 19:38)
2. Nicodemos agora torna pública a sua fé (João 19:39)
3. Não pôde permanecer em silêncio após permanecer junto à cruz
4. Jesus tinha permanecido no julgamento - eles deveriam andar por Ele
5. Jesus tinha ficado em silêncio no julgamento - eles deveriam falar por Ele
6. Jesus morreu - Eles deveriam viver por Ele

III. CONCLUSÃO

A. O QUE A CRUZ TEM REPRESENTADO PARA VOCÊ?

1. Como pode você adiar a salvação?
2. Como pode você ser pouco fervoroso na sua dedicação?

B. PERMANEÇA HOJE JUNTO À CRUZ!

ABRIL

LÁGRIMAS NO DOMINGO DE RAMOS

Lucas 19:41-44

I. INTRODUÇÃO
- A. DOMINGO DE RAMOS
  1. Assim chamado por causa do uso de ramos de palmeiras
  2. A entrada triunfal, a surpreendente profecia de Daniel, 483 anos (Daniel 9:25)
- B. O CENÁRIO DA CENA
  1. Cerca de cinco dias, antes da Páscoa, Jesus e os discípulos deixam Betânia
  2. Vai começar a mais importante das festas: 300.000 peregrinos
- C. PASSAGEM DA ENTRADA TRIUNFAL PARA AS LÁGRIMAS DO DOMINGO DE RAMOS
  1. Jesus chorando sobre Jerusalém
  2. As lições acerca de nosso Senhor

II. CORPO DO SERMÃO
- A. ELE VÊ ALÉM DAS SUPERFICIALIDADES (v. 41)
  1. "Ele contemplou a cidade"
  2. Tanto neste mundo é superficial
     - a. Bela Jerusalém, a excitante visão
     - b. A pompa e cerimônia da ocasião
  3. Mas Jesus vê além dessa beleza exterior
     - a. O que Ele vê, o faz chorar
     - b. Está Ele entristecido pelo que vê em sua vida?
  4. Ele vê além do exterior em uma igreja: "Eu conheço tuas obras" (Apoc. 2:2)
  5. Ele vê além do exterior em nossas vidas
     - a. A fachada que esconde pecado interior
     - b. O sorriso que esconde lágrimas interiores
- B. ELE SE PREOCUPA COM NOSSA DOR (v. 41)
  1. "...e chorou sobre ela"

2. Não é seu interesse primário preocupar-se com o pecado deles?
3. Sim...mas pecado traz sofrimento
   a. Desde o primeiro pecado no Jardim do Éden
   b. Cada ato de desobediência traz dor
   c. Todo pecado tem conseqüências negativas
4. Você pensa que vai escapar pecando?
5. Você não pode pecar e vencer
   a. Os livros que está lendo, a cobiça que você tolera
   b. As palavras que você diz, as histórias que você conta, as mentiras
   c. Tudo isso traz dor

C. ELE CONHECE NOSSO PLENO POTENCIAL (v. 42)
1. "...Se você soubesse..."
2. O que Jerusalém poderia ter sido
   a. A cidade da bênção
   b. Em vez disso, ela se tornou uma cidade de guerra e desastre
3. Jesus conhece todo seu potencial
   a. As palavras mais tristes: "Poderia ter sido"
   b. Ele sabe o que você pode realizar. Não subestime Jesus
4. Você jogou isso fora? Toda vez, um grande futuro é melhor que um grande passado

D. ELE DESEJA DAR-NOS PAZ (v. 42)
1. "O que poderia trazer a paz a você!"
2. Paz?! Que grande palavra ela é! REPITA-A!!!
3. Jerusalém significa cidade de paz
4. Contudo guerra estava aguardada sob suas asas (versos 43-44)...Tito é o cumprimento desta profecia

III. CONCLUSÃO

A. PREGUE O EVANGELHO

B. PAZ PARA OS INDIVÍDUOS...VENHA AGORA!

C. SUAS LÁGRIMAS PODEM SER TRANSFORMADAS EM ALEGRIA

SUBMISSÃO

Lucas 19:28-40

I. INTRODUÇÃO

A. DOMINGO DE RAMOS

1. Assim chamado por causa do uso de ramos de palmeira
2. A entrada triunfal
3. Registrada por todos os autores do evangelho

B. O CENÁRIO E A CENA

1. Cerca de cinco dias antes da Páscoa
2. Jesus e os discípulos vieram de Betânia
3. A mais importante de todas as festas judaicas está por começar
4. Provavelmente 300.000 peregrinos vindos para a Páscoa

C. NOSSA ATENÇÃO SE VOLTA DA MULTIDÃO CELEBRANTE PARA A MINORIA SUBMISSA. NOTE QUE SEUS COMPORTAMENTOS SÃO AINDA RELEVANTES HOJE

II. CORPO DO SERMÃO

A. A SUBMISSÃO DE JESUS À VONTADE DO PAI (v. 28)

1. "Subindo para Jerusalém"
2. Haveria perigo nesta declaração
   a. O atentado contra sua vida em Jerusalém (João 10:22-40)
   b. Após Lázaro ser ressuscitado, o perigo aumentou
3. Havia cumprimento de profecia nisto
   a. Zacarias 9:9: Cristo dentro de Jerusalém montado num jumento
   b. Daniel 9:25: Cristo voltará como Príncipe naquele dia
4. Havia submissão à vontade do Pai nessa declaração
   a. Isso levaria à Cruz...motivo de sua chegada a Jerusalém
   b. Antes disso haveria a última ceia...a primeira ceia do Senhor...o julgamento...a zombaria...a cruz
5. Considere a submissão de Cristo descrita em Filipenses 2:5-7

B. A SUBMISSÃO DOS DISCÍPULOS À VONTADE DO SALVADOR (v. 29-35)

1. A estranha instrução aos discípulos acerca do jumentinho

2. Os discípulos deveriam submeter suas vontades para obedecer
   a. "Ide". A mesma palavra de Cristo, hoje "Ir"
   b. "A aldeia que está defronte". Começar em casa
   c. "Aí achareis um jumentinho". Jesus sabe tudo de nossos amanhãs
   d. "Um jumentinho preso". A escravidão do pecado. Ide para aqueles que estão presos
   e. "Sobre o qual ninguém jamais montou." Um firme desejo
   f. "Desprendei-o". Libertai-o de tudo que o prende
   g. "Trazei-o aqui". Trazei a Jesus aqueles que estão presos
   h. "Se alguém perguntar". Sempre haverá a opinião pública
   i. "O Senhor precisa dele". Finalmente, um propósito na vida
3. Muitos lá fora esperando ser libertos

C. A SUBMISSÃO DO JUMENTO AO CRIADOR E REI. (versos 35-40)

1. Ele o trouxeram a Jesus
2. Eles lançaram suas vestes sobre o jumento
3. Fizeram Jesus montar nele
4. A vontade teimosa do jumento, submissa a Jesus
5. Jesus e a natureza: Tempestades, ventos, o mar, peixe, rochas, submissos ao seu querer
6. Um quadro do reino futuro (Is. 11:6-8)

III. CONCLUSÃO

A. SUA VONTADE ESTÁ SUBMISSA À VONTADE DELE?

B. SUBMISSÃO NA VIDA CRISTÃ: UM AO OUTRO; ESPOSAS AOS MARIDOS, CIDADÃOS ÀS LEIS; CRENTES AOS LÍDERES DA IGREJA

C. O CHAMADO A SUBMETER-SE

DE AGENTES FUNERÁRIAS A MISSIONÁRIAS

Lucas 24:8-9

I. INTRODUÇÃO

A. A CRUZ E SEUS RESULTADOS

1. Os sacerdotes – livraram-se de um que lhes falou com autoridade
2. Os fariseus – livraram-se daquele cuja vida revelou o pecado deles
3. As autoridades – esconderam-se no tumulto com o povo
4. Pedro – anteriormente cheio de si, mas agora contrito
5. José de Arimatéia – antes covarde, agora corajoso

B. O CENÁRIO DA CENA DO IMPACTO SOBRE AS MULHERES

1. As mulheres foram até o túmulo para perfumarem o corpo do Senhor
2. O primeiro dia da semana, o dia do Senhor
3. Bem de madrugada, a primeira devoção ao nascer do sol.
4. Com a pedra removida, elas ficaram preocupadas acerca da guarda do corpo de Jesus

II. CORPO DO SERMÃO

A. AS MULHERES LEMBRARAM DE SUAS PALAVRAS (versos 6-8)

1. A pergunta: "Por que buscais o vivente entre os mortos?
   a. Uma boa pergunta para hoje
   b. Uma boa pergunta para aqueles que têm amados no céu
2. Não está aqui!
   a. Não procure o Salvador no cemitério
   b. Ele vive. Ele está ressurreto
   c. "Eu sou aquele que vive; fui morto e ressuscitei": (Apoc. 1:18)
3. A grande injunção (ordem imperativa): LEMBRAR
   a. Mateus 12:40; 20:17-19; 26:2
   b. São profecias de sua morte que se aproximava
4. E eles relembraram
   a. Você se lembra quando pela primeira vez Ele falou a você

acerca da necessidade da salvação?

b. Talvez seja a coisa mais importante que poderia acontecer a você

B. AS MULHERES RETORNAM AOS OUTROS (v. 9)

1. Quão diferentes elas retornam
2. O estado de seus corações quando elas chegaram ao túmulo
   a. Tristes, desencorajadas, duvidosas
   b. Cada passo tinha dito: Ele está morto
   c. Elas vieram ali para ungir seu corpo, fazer o serviço de agentes funerárias, mas encontraram A OBRA DE DEUS REALIZADA
3. A mudança, enquanto elas retornam
   a. O passo rápido, o coração excitado
   b. Que diferença quando você sabe que Ele vive!
4. Você necessita lembrar e retornar para Ele

C. AS MULHERES APRESENTARAM RELATÓRIO (v. 9)

1. "E contaram todas essas coisas aos outros"
2. Imagine a excitação
3. Que mudanças! Elas foram para agir como agentes funerárias, mas elas retornaram como missionárias
4. Elas foram ao túmulo com suas mãos cheias de especiarias; elas retornaram com seus corações cheios de cânticos e suas bocas cheias de sermões
5. Elas foram para ungir um corpo e retornaram para anunciar uma bênção
6. A maior mensagem que o mundo jamais ouvira

III.CONCLUSÃO

A. A NECESSIDADE DAQUELES PARA QUEM ELAS FALARAM

1. Pobre apóstata Pedro
2. Inconsolável João
3. Um grupo de discípulos desencorajados e duvidosos

B. O CRISTO RESSURRETO IRÁ SUPRIR SUA NECESSIDADE

COMO É A APARÊNCIA DO CRISTO RESSURRETO?

Lucas 24:13-32

I. INTRODUÇÃO

A. O GRANDE DIA DE VITÓRIA
   1. O dia da ressurreição, nunca houve um dia como esse
   2. Estranhamente, desacreditado pelos seus discípulos, crido pelos seus inimigos

B. A QUE CRISTO É SEMELHANTE, DESDE SUA RESSURREIÇÃO?
   1. Seu nascimento humilde, sua vida de compaixão, tão acessível
   2. Chorando sobre Jerusalém, junto a um túmulo, quieto no julgamento, carinhoso na morte
   3. E agora?

C. VAMOS CONSIDERAR O CRISTO RESSURRETO QUANDO SE COMUNICA COM OS HOMENS

II. CORPO DO SERMÃO

A. ELE É O CRISTO RESSURRETO QUE CAMINHA COM AS PESSOAS (Lucas 24:15)
   1. Os discípulos depressivos retornando para casa em Emaús
   2. Naquele mesmo dia
      a. Um dia para regozijo, mas eles estavam escondidos
      b. Um dia para triunfo, mas eles estavam amedrontados
      c. Um dia para rejubilar-se e cantar, mas eles estavam tristes
   3. Então Cristo se aproximou e caminhou com eles
      a. A ressurreição não o tornou distanciado
      b. O triunfo não alterou sua ternura
   4. Foi com eles pelo caminho

B. ELE É O CRISTO QUE SE PREOCUPA COM OS PROBLEMAS HUMANOS (versos 17-25)
   1. Observe sua pergunta a eles: “Que palavras são estas? Por que tristeza?”
   2. Ele sabia, mas queria que eles contassem a Ele...exatamente como hoje
   3. Aqui está o problema deles: Eles pensavam que Ele estava morto

4. Observe que são seus discípulos que estavam nesse estado depressivo
   a. Nós também somos freqüentemente culpados
   b. Nós ficamos abatidos e tímidos como se Deus estivesse morto
   c. Nós nos irritamos e nos afligimos como se Deus estivesse liquidado
   d. Nós nos lastimamos e gememos como se Deus não estivesse no trono
   e. Nós oramos sem fervor como se Deus estivesse ausente
5. Entretanto, Ele vive e nós devemos lembrar disso!

C. ELE É O CRISTO QUE TORNA FERVOROSOS OS CORAÇÕES DOS HOMENS (v. 32)

1. Como seus corações precisavam de reavivamento!
2. Freqüentemente eles esperavam grandes realizações da parte de Cristo. Agora eles apenas diziam coisas bonitas acerca dele
3. Outrora, eles esperavam Ele realizar o maior milagre. Agora duvidavam de sua ressurreição
4. Eles eram lentos de coração para crer
   a. Outrora eles estavam vibrando, agora estavam indiferentes
   b. Eles lembraram um dia melhor. (v. 21)
5. Observe como Jesus avivou os corações deles
   a. Ele os conduziu para a Bíblia.(v. 26 e 27)
   b. Ele lhes mostrou suas mãos feridas (v. 36-40)
6. Está seu coração avivado por Cristo?

III. CONCLUSÃO

A. CORAÇÕES AVIVADOS...VIDAS MUDADAS

1. Mudou a direção deles
2. Capacitou-os na busca de comunhão com outros cristãos
3. Deu-lhes certeza do poder dele

B. PRECISA-SE: CORAÇÕES AVIVADOS POR DEUS!

OS "MAS" DA RESSURREIÇÃO

I Coríntios 15

I. INTRODUÇÃO

A. HÁ SOMENTE UMA PERGUNTA ACERCA DA VIDA, MORTE E ETERNIDADE

1. Cristo ressuscitou?
2. A pergunta dos fariseus
   a. "Que sinal nos mostras?" (João 2:18)
   b. "Derrubai este templo, e em três dias o levantarei": (João 2:19)

B. O MAIOR CAPÍTULO SOBRE A RESSURREIÇÃO

1. A carta de Paulo a uma igreja atribulada
   a. Divisões, carnalidade, imoralidade, confusão e vitória
   b. Paulo conclui sua carta com a verdade acerca da ressurreição
2. Três versos (13, 20, 57) começam com a mesma palavra – "mas"

II. CORPO DO SERMÃO

A. MAS...SE NÃO HOUVESSE RESSURREIÇÃO (v. 13)

1. A alarmante perspectiva da não ressurreição
2. Os "e se" da história
   a. Cristóvão Colombo não tivesse feito sua viagem
   b. Martinho Lutero não ousasse defender a verdade
   c. Adolf Hitler perseguisse sua vantagem e conquistasse a Inglaterra
   3. Talvez você tenha alguns "e se" da vida que lhe assustam
4. Contudo nenhum se compara a este: "e se não há ressurreição?"
   a. Toda pregação seria vã
      (1) Grandes sermões de Paulo e outros apóstolos
      (2) Grandes pregadores através dos tempos: Wesley, John Knox, Spurgeon, Moody, etc.
      (3) Cancele-os na conta de inúteis

b. Toda fé é vã...vazia...inútil
   (1) Fé é confiança...dependência
   (2) Fé traz salvação...bênção
c. "e ainda estais nos vossos pecados"(v. 17)
d. "os mortos em Cristo estão perdidos"...nenhuma esperança do céu (v. 18)

B. MAS...DE FATO CRISTO RESSUSCITOU DENTRE OS MORTOS (v. 20)
   1. O brado de triunfo: Ele vive!
   2. Não há mais os "e se"
   3. Portanto, tudo anteriormente citado tem significado
      a. O evangelho pregado é verdadeiro
      b. Fé é certeza...traz salvação...confiabilidade
      c. Pecados são perdoados...o registro é claro...o fardo aliviado
      d. Os cristãos vão para o céu quando morrem e serão ressuscitados quando Jesus retornar
   4. Suponha que tudo isso seja verdadeiro. CRISTO RESSUSCITOU!

C. MAS GRAÇAS A DEUS QUEM NOS DÁ A VITÓRIA (v. 57)
   1. Oscilando outra vez por algum tempo
   2. Morte...o túmulo...pecado...lei
   3. Mas os cristãos não estão presos
      a. Vitória sobre a morte
      b. Vitória sobre o pecado
      c. Vitória sobre a lei
      d. Vitória sobre o túmulo
   4. Que grande dia! Que grande mensagem!

III. CONCLUSÃO

A. PORTANTO (v. 58)
   1. Responsabilidade segue a verdade
   2. Sempre abundantes

B. ATUE SOBRE A VERDADE POSITIVA. DEIXE AS NEGATIVAS PARA TRÁS

OS HOMENS MAIS VALIOSOS NA CIDADE

Atos 4:12-14

I. INTRODUÇÃO

A. OS SACERDOTES E A AVALIAÇÃO DELES ACERCA DE PEDRO E JOÃO

1. Eles os chamaram de iletrados e indoutos
2. Eles fariam mais para mudar o mundo do que todos em Jerusalém
3. Treze homens que mudaram o mundo
   a. Um médico, um intelectual, e os demais iletrados
   b. Examine um mapa do mundo e verifique o impacto de suas vidas

B. PORQUE FORAM ELES OS HOMENS MAIS VALIOSOS NA CIDADE

II. CORPO DO SERMÃO

A. ELES NÃO FORAM ILETRADOS E INDOUTOS ACERCA DO SALVADOR (v. 10)

1. Eles tinham estado com Jesus
2. O mundo precisa de pessoas que têm estado com Jesus
   a. Muitos conhecem sobre ciência, mas poucos conhecem o Salvador
   b. Muitos conhecem sobre matemática, mas poucos conhecem sobre o Mestre
   c. Muitos conhecem sobre espaço, mas poucos conhecem sobre a graça
   d. Muitos conhecem sobre política, mas poucos conhecem sobre o plano de Deus
   e. Muitos conhecem sobre psicologia, mas poucos conhecem aquele que resolve os problemas
3. O mistério para os sacerdotes
   a. A formação educacional desses pescadores
   b. De repente eles eram oradores públicos e teólogos
4. O que Deus fará com alguém completamente submisso a Ele

B. ELES NÃO FORAM ILETRADOS E INDOUTOS ACERCA DAS ESCRITURAS (versos 10-12)

1. A explosão de conhecimento
2. Infelizmente nosso crescente conhecimento tem apenas aprofundado nosso dilema
3. Esses homens não conheciam livros, mas conheciam o Livro
   a. Lincoln: "É melhor ter um conhecimento da Bíblia do que de outros livros"
   b. O conhecimento que tinham da Bíblia, equipou-os para servir
4. As maiores universidades na América do Norte foram fundadas para ensinar a Bíblia
   a. Os homens, loucamente, consideram-se sábios demais para o livro de Deus
   b. Salmos 2: Aquele que está sentado nos céus se rirá" (v. 4)
5. Estes homens tinham um conhecimento do Antigo Test.
6. Seu conhecimento da Bíblia permitiu-lhes saber o que estava acontecendo

C. ELES NÃO FORAM ILETRADOS E INDOUTOS ACERCA DA SALVAÇÃO (v. 12)
1. "Salvação" – A importância da palavra
2. Para Noé, a arca significou salvação, enquanto outros pereceram
3. Para Israel no Mar Vermelho: "Estai quietos e vede a salvação do Senhor". (Êxodo 14:13).
4. As pessoas são capturadas pelos problemas e ficam perplexas
   a. Estes homens podiam dizer a essas pessoas como se livrarem dos seus pecados
   b. Estes homens podiam dizer a essas pessoas como obterem o céu

III. CONCLUSÃO

A. VOCÊ PODE SER A PESSOA MAIS VALIOSA NA SUA ÁREA

B. A NECESSIDADE É GRANDE. ENTREGUE SUA VIDA A CRISTO, PARA O SERVIÇO DELE
1. Separe tempo para estar com Jesus
2. Sature sua mente e seu coração com a Bíblia
3. Leve a mensagem de salvação a outros

C. DEUS IRÁ USAR VOCÊ PARA MUDAR SEU MUNDO

CRISTÃOS EM CONFLITO

I Coríntios 6

I. INTRODUÇÃO

A. I CORÍNTIOS É UM LIVRO MUITO PRÁTICO

1. Conquanto não dá muito espaço para doutrina, ele lida com o viver
2. Vai ao encontro do cristão em seu relacionamento dia-a-dia com outros crentes
   a. Moralidade...malícia...dinheiro
   b. Discussão...difamação...infância espiritual

B. CONFLITOS QUE APELAM PARA AÇÃO JUDICIAL

1. Crentes indo a tribunais
2. Isso acontece hoje? Sim!

C. QUESTÕES PARA TRATAR CONFLITOS CRISTÃOS

II. CORPO DO SERMÃO

A. UMA QUESTÃO ACERCA DA CONSEQUÊNCIA DOS CONFLITOS CRISTÃOS

1. "Ousa algum de vós...ir a juízo perante o injusto?"
2. Pense no testemunho diante dos outros quando cristãos não conseguem concordar
3. Considere a perda da bênção quando os cristãos estão em conflito
4. Reflita acerca dos esforços incapacitados de todo o ganhador de almas, quando os cristãos usam suas energias em conflitos
5. Pense acerca da responsabilidade de seu esforço e tempo
6. A palavra de Natã a Davi, após este pecar: "Você deu lugar com este feito, a que os inimigos do Senhor blasfemem (II Samuel 12:14)

B. QUESTÕES ACERCA DA COMPETÊNCIA DOS CRISTÃOS PARA ACERTAR DIFERENÇAS (versos 2-5)

1. "Não sabeis que os santos hão de julgar o mundo?"
2. Leia Daniel 7:22 e Mateus 19:28

3. E se o mundo há de ser julgado por vós, sois porventura indignos de julgar as coisas mínimas? (v. 2)
4. Não sabeis vós que havemos de julgar os anjos? (possivelmente os maus – v. 3)
5. "Quanto mais as coisas pertencentes a esta vida?"
6. "Então se, tiverdes negócios em juízo, pertencentes a esta vida constituís como juízes deles os que são de menos estima na igreja?"(v. 4)

C. QUESTÕES QUE ANULARIAM O CURSO DO CONFLITO?
1. "Por que não sofreis antes a injustiça?" (v. 7)
   a. Agindo ao contrário, difundimos uma má situação
   b. Semelhante a Jesus (I Pedro 2:23-24)
2. "Por que não sofreis antes a fraude?" (v. 7)
   a. Defraudar: Leia I Coríntios 7:5.
   b. Deixa outro ter o que é dele corretamente
3. O segredo de Filipenses 2:5-11

III. CONCLUSÃO

A. QUAIS SÃO SUAS ÁREAS DE CONFLITO?

B. SOFRA O DANO E GLORIFIQUE A DEUS

AMOR ETERNO

I Coríntios 13

I. INTRODUÇÃO
  A. REFLEXÕES ACERCA DO AMOR
    1. Recordando o grande amor de Deus para conosco
    2. A cruz: a maior demonstração do amor de Deus
    3. O problema em Corinto: Uma falta de amor
  B. O PODER DO AMOR
    1. O amor vence toda discussão e traz bênção
    2. O amor constrói comunhão e restaura fé
    3. O amor reúne, e traz pecadores para salvação

II. CORPO DO SERMÃO
  A. A FRAGILIDADE DO SERVIÇO SEM AMOR (versos 1-3)
    1. A inteira mensagem do evangelho é a grande história do amor de Deus
    2. Fala sem amor é apenas barulho
      a. Não importa como você fala – você fica fraco sem amor
      b. Não importa suas palavras – elas são vazias sem amor
      c. Não importa quanta sinceridade – você falhará sem amor
    3. Dons espirituais sem amor não existem
      a. O dom de profecia: Conhecendo o futuro
      b. O dom de entendimento: Todos os mistérios
      c. O dom de conhecimento: Conhecendo a vontade de Deus
      d. O dom da fé: Poder para mover montanhas
    4. Sacrifício sem amor é apenas tolice
      a. Dispor de todos os meus bens para alimentar os pobres
      b. Dar meu corpo para ser queimado
  B. OS EFEITOS PRÁTICOS DO AMOR (versos 4-7)
    1. O amor é sofredor (amor resposta): É edificado com muitas coisas
      a. Pedro: "Quantas vezes perdoarei?"
      b. Que pequenas coisas podem abalar-nos, e deter-nos!
    2. O amor é bondoso. O lado positivo

3. O amor não é invejoso. A inveja brota do agradar ao eu
4. O amor não se vangloria. Não se ensoberbece
5. Não se porta inconvenientemente. Não busca seus próprios interesses
6. Não é facilmente provocado. Não se irrita
7. Não suspeita mal. Dificilmente faz fofoca quando outros praticam o mal
8. Não se alegra na iniqüidade. Nunca se regozija na injustiça. Regozija-se com a verdade
9. Tudo crê. Tudo espera. Tudo suporta
10. Acredita todas as coisas. Em lugar de procurar pequenas faltas, o amor espera o melhor

C. A PERMANÊNCIA DO AMOR (versos 8-13)

1. O amor nunca falha. Não ficará obsoleto
2. Profecias falharão
3. Línguas cessarão
4. Mesmo o dom especial do conhecimento desaparecerá
5. Não é assim com o amor. Ele permanece

III. CONCLUSÃO

A. O FRUTO DO ESPÍRITO É AMOR (Gal. 5:22-23)

B. SUBMISSÃO COMPLETA AO ESPÍRITO SANTO PRODUZ ESSE AMOR EM NÓS

MAIO

UMA MULHER PARA SER LEMBRADA NOS ÚLTIMOS DIAS

Lucas 17:32

I. INTRODUÇÃO

A. UM CONTEXTO DO FIM DOS TEMPOS

1. Os dias de Noé
2. Os dias de Ló
3. A repentina vinda do Senhor

B. A ESPOSA DE LÓ ESCOLHIDA COMO UMA ADVERTÊNCIA PARA AQUELES QUE VIVEM NOS ÚLTIMOS DIAS

1. Por que a esposa de Ló?
2. Por que não Sara, Ana, Rute ou Maria?
3. O que a esposa de Ló tem a dizer acerca do fim dos tempos?

C. O QUE LEMBRAREMOS ACERCA DESSA MULHER?

II. CORPO DO SERMÃO

A. VAMOS LEMBRAR OS PRIVILÉGIOS RELIGIOSOS DELA

1. Ela participou das experiências de Abraão
   a. Sua chamada e peregrinação de fé (Gênesis 12)
   b. Seu altar e sua vida de oração
   c. Sua oferta e sua generosidade em relação a ela e a sua família
2. Ela tinha um marido justo (II Pedro 2:7-8)
3. Vivemos num dia de privilégio religioso
   a. Há igrejas disponíveis em quase todos os lugares
   b. Há ministérios na rádio e na televisão
   c. Há um suprimento abundante de Bíblias
   d. Há muitos e grandes ministérios de literatura
4. Privilégios religiosos não salvam
   a. Geazi foi servo de Elias
   b. Demas foi o cooperador de Paulo
   c. Judas foi um discípulo de Cristo
5. Os últimos dias são caracterizados pela iniqüidade apesar da muita informação. (Mat. 24:12)

B. VAMOS LEMBRAR AS ORAÇÕES DO PARENTE DELA

1. Abraão sem dúvida orou por ela e por Ló muitas vezes
2. Considere as intercessões de Abraão para poupar Sodoma: (Gênesis 18)
   a. Essas orações levaram anjos a Sodoma
   b. Essas orações trouxeram o livramento
3. Muitas pessoas têm familiares orando com fé por elas
   a. Talvez você tem um pai ou mãe orando por você
   b. Sua esposa ou seu marido pode estar freqüentemente em oração por você
4. Há igrejas e grupos de oração ao redor do mundo
   a. Suplicando por salvação de almas
   b. Mencionando os nomes dos queridos diante do trono de graça

C. VAMOS LEMBRAR O PERIGO DELA

1. Em meio às posses e privilégios dela, ela pereceu
2. O destino dela tornou-se o de seus tesouros: eles pereceram
3. O que o seu olhar para trás revelou
   a. Revelou sua desobediência
   b. Revelou sua incredulidade
   c. Revelou seu apego às coisas deste mundo
4. Sua morte foi repentina e chocante:
   a. Ela morreu tanto quanto viveu
   b. Ela morreu num ato de pecado

III. CONCLUSÃO

A. NÓS TAMBÉM VIVEMOS NUM LOCAL CONDENADO: ESTE MUNDO

B. UMA ADVERTÊNCIA DE PEDRO À LUZ DISSO (II Pedro 3: 11-12)

C. LIÇÕES DA MULHER DE LÓ

1. Abandone as coisas passageiras e volte-se para as eternas
2. Prepare-se para retornar ao nosso Senhor

SE JESUS VIESSE HOJE

I Tessalonicenses 4:13-18; I João 2:28

I. INTRODUÇÃO

A. JESUS ESTÁ RETORNANDO

1. Aquele que morreu e ressuscitou voltará
2. Milhões aceitam essa verdade intelectualmente
3. Relativamente poucos permitem que isso mude suas vidas:
    a. Esse pode ser o mais extraordinário fato da história
    b. Como você consertaria sua vida se soubesse que Cristo viria hoje?

B. SINAIS QUE NOS TORNAM SENSÍVEIS À PROXIMIDADE DO RETORNO DO SENHOR

1. Israel é uma nação (Ezequiel 37)
2. A Rússia é um poder militar mundial que se projeta no Oriente Médio (Ezeq. 38-39)
3. O mundo está sendo preparado para o Anticristo (Apoc. 13)
4. Sinais na natureza (Mat. 24:7)

C. O QUE ACONTECERÁ QUANDO JESUS CHEGAR?

II. CORPO DO SERMÃO

A. SE JESUS VIESSE HOJE, OS CRISTÃOS MORTOS SERIAM RESSUSCITADOS (4:13-16)

1. O som da trombeta...a voz do arcanjo
2. Os mortos em Cristo ressuscitam primeiro (MARAVILHOSA ESPERANÇA!)
    a. O túmulo não é um lugar de desespero
    b. Os cristãos vão para o céu quando morrem. (II Cor. 5:8)
    c. O Senhor retorna trazendo consigo cristãos para ressuscitar seus corpos
3. A ressurreição significa uma reunião de corpo, alma e espírito
4. O novo corpo será semelhante ao corpo de Cristo: (I João 3:2)
    a. Não mais doença, dor ,ou sofrimento

b. Não mais morte
c. Não mais limitações

B. SE JESUS VIESSE HOJE, OS CRENTES VIVOS ESCAPARIAM DA MORTE (4:15-17)

1. A morte terá recebido seu toque fúnebre através dos séculos
   a. Adão morreu e Abel morreu
   b. Matusalém morreu e Moisés morreu
   c. Jacó morreu e José morreu
2. Sansão não foi forte o suficiente para escapar da morte
3. Salomão não foi sábio o suficiente para escapar da morte
4. Os homens ainda morrem (Hebreus 9:27)
5. Mas nem todos os cristãos morrerão
   a. Aqueles que estiverem vivos quando Jesus vier, serão arrebatados e transformados
   b. "Nem todos dormiremos" (I Cor. 15:51)
6. À semelhança de Enoque e Elias, quando Cristo chegar, todos os crentes vivos serão transformados (transladados) sem morte
7. Que abençoada esperança!

C. SE CRISTO VIESSE HOJE, ALGUNS FICARIAM ENVERGONHADOS (I João 2:28)

1. Permanecei nele para que tenhais confiança
2. Está você confiante, quando pensa no retorno de Jesus?
3. Sua chegada será repentina...num momento
   a. Quando você estiver tendo acesso de raiva
   b. Quando você estiver lendo aquele livro duvidoso
   c. Quando você estiver passando aquele tanto de fofoca
4. Essa é uma solene verdade para os crentes
5. Esteja pronto para a chegada de Jesus

III. CONCLUSÃO

A. O RETORNO DE CRISTO, UM ABENÇOADO E SOBERANO EVENTO

B. DESEJA VOCÊ PERMITIR QUE ESSA VERDADE TRANSFORME SUA VIDA?

A MÃE QUE DESCOBRIU AZEITE EM CASA

II Reis 4:1-7

I. INTRODUÇÃO

A. MÃES E SUAS MUITAS RESPONSABILIDADES

1. Quem pode enumerá-las todas?
2. No entanto, as mães são equipadas por Deus para essa tarefa
3. A maternidade foi a primeira ordem de Deus para Eva

B. AS RESPONSABILIDADES ACRESCIDAS PELA VIUVEZ

1. O fardo aumenta quando o marido se vai
2. Tal é o caso do trecho bíblico em consideração

II. CORPO DO SERMÃO

A. ESSA MÃE SABIA ONDE IR EM TEMPO DE NECESSIDADE. (v. 1)

1. A viúva do pregador:
   a. Esposa de um dos filhos dos profetas
   b. Acerca desse pregador
      (1) Devia ter sido um homem de fé. Serviu a Eliseu
      (2) Devia ter sido corajoso. Não possuía algum dinheiro
      (3) Devia ter trabalhado com afinco. Ele morreu jovem
2. Os problemas: Morte e dívidas
   a. Os dois grandes fardos da vida
   b. O credor veio para executar a hipoteca sobre os dois filhos para serem escravos
3. A viúva foi rapidamente buscar sabedoria e ajuda de Deus
4. Abençoada é a mãe que sabe onde ir quando sua família está necessitada

B. ESSA MÃE DESCOBRIU QUE A RESPOSTA PARA SUA NECESSIDADE ESTAVA EM CASA (versos 2-4)

1. Elias considerando o problema dela: “Que te hei de fazer?”
2. Elias pesquisando a questão: “O que tens em casa?”
   a. Uma boa pergunta para as mães de hoje
   b. Um marido que te ama? Comida suficiente para hoje?
   c. Dinheiro para os mantimentos desta semana?

d. Essa mãe nada tinha dessas coisas

3. A resposta negativa: "Tua serva nada tem em casa"
   a. Mães e outros com essa atitude são miseráveis
   b. Outros obtêm coisas novas. Eu estou empobrecida. Coitada de mim!

4. A SURPREENDENTE DESCOBERTA: "SENÃO UMA BOTIJA DE AZEITE". UM LANCE POSITIVO
   1. Literalmente uma "unção de azeite"
   2. Mas esse foi o ponto decisivo
   3. Quanto tempo faz, desde a última vez que você contou suas bênçãos?
   4. Redescobrindo a casa, a família, a mobília, o amor
   5. A resposta para aliviar seu fardo pode estar exatamente no lar

C. ESSA MÃE DESCOBRIU QUE AS POSSIBILIDADES SÃO ILIMITA DAS QUANDO VOCÊ PERMITE USAR O QUE VOCÊ TEM (versos 4-7)
   1. Considerando a mensagem de Eliseu sob o ponto de vista da fé
   2. Envolvendo seus filhos no ato de fé:
      a. Enviou-os para pedir emprestado
      b. Planejando grandes coisas! "Peçam emprestadas não poucas vasilhas" (I Reis 4:3)
      c. Esperando a resposta
   3. As portas fechadas. O momento excitante
      a. Deus pegou o que ela tinha e o multiplicou
      b. Enchendo todas as vasilhas tomadas pelo empréstimo
   4. O que Deus fará com o que você tem
      a. O lanche de um rapaz
      b. A vara de Moisés
      c. A funda de Davi

III. CONCLUSÃO

A. TUDO O QUE VOCÊ TEM É SUFICIENTE PARA DEUS USAR

B. O QUE VOCÊ TEM EM CASA?

A.B. Simpson: "Nosso Deus tem recursos ilimitados. O único limite está em nós. Nosso pedir, nosso pensar, nosso orar são muito pequenos. Nossas expectativas são demasiadamente limitadas."

A MULHER DE GRANDE FÉ

Mateus 15:21-28

I. INTRODUÇÃO

A. MUITAS MULHERES DA BÍBLIA PODEM PROVER TEXTOS PARA SERMÕES PARA O DIA DAS MÃES

1. A mãe de Moisés ou a mãe de Samuel
2. Maria, a mãe de Jesus

B. EU ESCOLHI UMA QUASE DESCONHECIDA

1. Uma mulher de grande fé
2. Uma mulher que recebeu uma resposta para sua oração

II. CORPO DO SERMÃO

A. UMA MÃE REVELA SEU PROBLEMA (versos 21-23)

1. Muitas mães atribuladas no mundo
2. Algumas características acerca dessa mãe
   a. Ela era uma cananéia, uma siro-fenícia
   b. De cultura e língua gregas
   c. Sua religião até aquele dia: uma pagã. Naquele dia houve uma transformação
3. Seu maior problema tinha a ver com sua filha
   a. Ela tinha outros problemas mas esses pareciam menores
   b. A alta febre...as horas ansiosas em crise
   c. Para os pais saudáveis todos os problemas parecem pequenos quando seus filhos estão em perigo
4. A filha dela estava gravemente abatida com um demônio
   a. O mais aflitivo de todos os problemas dos pais é o ataque do diabo sobre seus filhos
   b. A importância de orar pela proteção contra os ataques de Satanás sobre os membros da família

B. UMA MÃE QUE PERSISTE EM ORAÇÃO (versos 22-27)

1. Ela veio a Jesus com seu problema. Abençoada é a mulher que sabe onde ir com seus problemas
2. Ela acreditava tudo acerca de Jesus
   a. Ela acreditava que Ele era o prometido filho de Davi

b. Ela acreditava na divindade de Jesus
c. Ela acreditava no seu poder para responder seu pedido
d. Ela acreditava que Ele estava interessado e responderia
3. Os problemas dificultando a resposta para ela
a. Jesus não respondeu de início
b. Os discípulos quiseram despedí-la
4. Sua persistência apesar do desencorajamento
a. A adoração dela
b. A oração dela foi simples
c. As declarações estranhas do Senhor
d. O Senhor testando sua fé
e. Um cão à mesa

C. UMA MÃE RECEBE UMA PROMESSA DO SENHOR (v. 28)
1. "Ó mulher, grande é a tua fé"
a. Melhor que grande é a beleza da fé
b. Melhor que grande é o sucesso da sua profissão de fé
c. Melhor que grande é a influência da sua fé
2. Desde aquela hora sua filha foi restaurada

III. CONCLUSÃO

A. VENHA PARA JESUS COM OS PROBLEMAS DOS SEUS FILHOS
B. O MUNDO PODERIA SER TRANSFORMADO POR MULHERES DE GRANDE FÉ

COMO CATIVAR SEU ESPOSO, CONSIDERE SUA ESPOSA; E OBTENHA RESPOSTA ÀS SUAS ORAÇÕES

I Pedro 3:1-7

I. INTRODUÇÃO

A. O OBJETIVO DA BÍBLIA É TRAZER SUA SALVAÇÃO

1. Esse propósito é visto desde Gênesis ao Apocalipse
2. Esse capítulo também tem por alvo qualquer perdido no lar

B. MAS A BÍBLIA TEM EM VISTA TODAS AS NECESSIDADES DO HOMEM COMO UM TODO

1. Como ganhar seu esposo para Cristo
2. Como tratar sua esposa
3. Como obter respostas às suas orações

II. CORPO DO SERMÃO

A. COMO GANHAR SEU ESPOSO PARA CRISTO (versos 1-6)

1. Pedro apresenta-nos um problema bastante real
2. A descrição de uma mulher do primeiro século tentando ganhar seu esposo para Cristo
3. É importante que a juventude enxergue a importância de se casar com cristãos
4. Também é importante que os viúvos cristãos enxerguem o valor de se ampararem com cônjuges de testemunho fiel (I Cor. 7:13-14)
5. Esteja em sujeição a seu marido
   a. Não como uma escrava, mas também não como rebelde
   b. Não sendo uma mulher dominadora (Prov. 14:1; 19:13; 21:9,19)
6. "Se alguém não obedece a palavra". Literalmente = não persuasível
7. "Sem palavra" = sem pregação
8. "Vida casta em temor" = comportamento puro e respeito
9. Você não pode ganhar seu marido
   a. Pelo modo como você fixa seu cabelo

b. Por surpreendê-lo com montes de jóias
c. No vestir um tipo particular de roupa
10. "Um espírito manso e tranqüilo"
a. Algo realmente valioso aos olhos de Deus
b. Uma mulher espiritual, então, não ruidosa
c. Não tão ruidosa deva ela ser na igreja dizendo améns
d. Mas quanto amor deve ela mostrar no lar com seu marido
11. O exemplo de Sara, que chamava-o senhor

B. COMO TRATAR SUA ESPOSA (v. 7)
1. DO MESMO MODO. Notem que, todos vocês, homens que estiveram dizendo "amém"
2. Uma maneira inteligente e razoável
3. Honrar como se fosse o vaso mais frágil
a. Que privilégio prover para sua esposa!
b. Que privilégio ser o protetor de sua esposa!
c. Mulher da costela de Adão
4. Herdeiros juntos da graça da vida
a. Ambos são um aos olhos de Deus
b. A graça da vida, vida eterna que vem pela graça

C. COMO OBTER RESPOSTA ÀS ORAÇÕES
1. "A fim de que vossas orações não sejam impedidas"
2. Um relacionamento errado entre marido e mulher impede as orações
3. "Se dois de vocês concordarem na terra com respeito a algo" (Mat. 18:19-20)
4. Que extraordinário isso pode ser para o marido e para a esposa!
5. O poder das famílias que oram numa igreja

III. CONCLUSÃO

A. UMA VEZ QUE CRISTO SOFREU POR NÓS, ELE CONHECE AS DIFÍCEIS CIRCUNSTÂNCIAS QUE ENFRENTAMOS
B. DEUS INSTITUIU O LAR E QUER PRESERVÁ-LO
C. UM CHAMADO PARA LARES CRISTOCÊNTRICOS

EDIFICANDO UM CASAMENTO FORTE

Salmo 127; I Coríntios 13

I. INTRODUÇÃO

A. AS CRISES DOS LARES DE HOJE

1. "Ninguém mais consegue permanecer junto?"
2. O que pode ser feito acerca disso?

B. ALGUMAS VERDADES BÍBLICAS BÁSICAS PARA FAZER A DIFERENÇA

II. CORPO DO SERMÃO

A. UM CASAMENTO FORTE É EDIFICADO TENDO POR BASE O SENHOR (Salmo 127:1)

1. "Eles trabalham em vão para edificá-lo"
   a. Observe que eles estão tentando, mas estão certos que falharão
   b. Todos os esforços deles são sem nenhum proveito
2. Lembrem-se das palavras de Paulo acerca da ressurreição de Cristo
   a. "Se Cristo não ressuscitou é vã a vossa fé" (I Coríntios 15:14)
   b. Semelhante a isso: Um casamento sem Cristo falha
3. Edificando um casamento tendo por base o Senhor dá uma dimensão divina para a vida
   a. Nosso primeiro dia: ler a Bíblia e orar
   b. Um desejo de servir ao Senhor desde o começo
4. Edificando um casamento tendo como base o Senhor faz uma diferença quando chegam as tempestades
   a. Muitos casamentos desintegram-se quando chegam as tribulações
   b. Dívidas conduzem muitos ao divórcio
   c. Mas os cristãos sabem onde desviar quando as tempestades rugem!
   d. O homem sábio e o homem louco (Lucas 6:47-49)

B. UM CASAMENTO FORTE É EDIFICADO SOBRE O AMOR (I Cor. 13:4-6)

1. Não o tipo de amor representado por Hollywood

2. A definição de amor por Deus como descrita em I Coríntios 13:4-7
3. Os efeitos práticos do amor
   a. Amor é sofredor...é paciente...não explosivo
   b. O amor é bondoso. Vocês são bondosos um para com o outro?
      (1) É você bondoso em palavras?
      (2) É você bondoso nas ações?
   c. O amor não se gaba, não se ensoberbece, não se manifesta como o tal
   d. Não se porta inconvenientemente...não é rude
   e. Não busca seus próprios interesses...não é egoísta
   f. Não é facilmente provocado...não é irritável
   g. Não suspeita mal...dificilmente faz fofoca dos erros do outro e não guarda ressentimentos
   h. Não se regozija na iniqüidade...nem se alegra com a injustiça, mas se alegra com a vitória da verdade

C. UM CASAMENTO FORTE É EDIFICADO SOBRE A LEALDADE: (I Cor. 13:7)

1. Suporta tudo, é leal mesmo quando as coisas são adversas
2. Tudo crê...crê no seu cônjuge...confia
3. Tudo espera...espera o melhor para o seu cônjuge
4. Tudo suporta...protege quando outros abandonam
5. Observe como todas essas características são verdadeiras no amor do Senhor por nós
6. Observe como isso concorda com a divina instrução para o primeiro casamento...e para os seguintes

III. CONCLUSÃO

A. VOCÊ PODE TER UM CASAMENTO FORTE

B. EDIFIQUE COM BASE NO SENHOR...SOBRE O AMOR... SOBRE A LEALDADE.

C. OUTROS LARES PODEM CAIR, MAS O SEU PERMANECERÁ

DÁ-ME ESTE MONTE

Josué 14:6-14

I. INTRODUÇÃO

A. UM DIA PARA RELEMBRAR E UM DIA PARA PATRIOTISMO
   1. Relembrar aqueles que tombaram na batalha
   2. Relembrar todos os queridos que morreram

B. UM TEXTO DE UM LIVRO DE BATALHAS
   1. Após Moisés, Josué tornou-se o líder
   2. A terra prometida repartida entre as tribos de Israel
   3. A área doada terá de ser conquistada e ampliada

C. CALEBE: "DÁ-ME ESTE MONTE"
   1. Pede a tarefa mais difícil (v.12)
   2. O que motivou Calebe insistir no solo mais elevado?

II. CORPO DO SERMÃO

A. ELE RELEMBRA AS PROMESSAS DE DEUS A ELE (versos 6-7)
   1. Calebe, o espia (Num. 13:6,30)
      a. Enviado por Moisés 40 anos antes para espiar a terra
      b. O fruto da terra, vertendo leite e mel (Num. 13:27)
      c. Calebe, porém, viu além disso, a Hebrom, onde Abraão encontrou-se com Deus (Gênesis 13: 18)
   2. Calebe: "porque bem poderemos prevalecer contra ela." (Num. 13:30)
      a. A maioria tinha grandes gigantes e um pequeno Deus
      b. Calebe tinha um grande Deus e pequenos gigantes
      c. A maioria estava consciente dos problemas, mas Calebe estava consciente do poder de Deus
   3. Calebe agora permanecerá nas promessas
      a. Ele nunca as esquecerá
      b. Você nunca o encontrará como parte da multidão murmuradora
      c. Ele está no seu caminho para essa terra melhor durante toda sua vida

B. CALEBE RELEMBRA SEU PRÓPRIO COMPROMISSO COM O SENHOR (versos 8-9)

1. "Eu perseverei em seguir ao Senhor..." (v. 8)
   a. Relembrou do tempo de sua completa submissão
   b. Um homem de Deus; total dedicação; comprometido
2. Recorda como ele permaneceu separado da multidão
   a. Você se lembra de um dia de vitória?
   b. O que você acha do dia em que foi salvo?
   c. O que você acha do dia da total submissão?
3. A triste história em Apocalipse 2:1-7
4. Você abandonou seu primeiro amor?

C. CALEBE RELEMBRA A FIDELIDADE DE DEUS A ELE (versos 10-11)

1. Deus me conservou vivo
   a. Você tem agradecido a Deus por ter conservado você com vida?
   b. Exceto Josué, todo o resto morreu
2. Estou agora com 85 anos de idade
   a. Alguns cidadãos idosos!
   b. Não repousando sobre suas glórias
3. Deus cuidou dele até aquele momento
4. "A graça trouxe-me salvo assim tão longe"

III. CONCLUSÃO

A. PORTANTO, AGORA DÁ-ME ESTE MONTE!

1. Dá-me o teu melhor
2. Dá-me a tua tarefa mais difícil

B. RELEMBRAR DEVERIA DESAFIAR-NOS

1. Lincoln em Gettysburg.
2. Aceita o desafio

C. ENCAMINHA-TE PARA A TERRA MAIS ELEVADA

O HOMEM COM PÉS ALEIJADOS

II Samuel 9

I. INTRODUÇÃO

A. OS RUMORES DE GUERRA

1. Uma das marcas da pecaminosidade do homem
2. Guerras e rumores de guerras (Mateus 24:6)
3. Uma cena com cenário de guerra

B. A ASCENÇÃO DO REINADO DE DAVI

1. O reinado de Davi a ser novamente estabelecido
2. Saul, o primeiro rei, falhou
3. Deus despertou o coração de um jovem pastor, e ele foi ungido rei

C. A PERGUNTA DO REI DAVI (v.1)

II. CORPO DO SERMÃO

A. O HOMEM COM PÉS ALEIJADOS (v. 1-3)

1. A desordem nacional...O reino de Saul em queda
2. Mefibosete, filho de Jônatas
3. O homem com pés aleijados representa todos nós
   a. Somos aleijados desde a queda (Gen. 3)
   b. Não andamos como deveríamos
4. Como demonstramos nossas enfermidades (Gal. 5:19-21)
5. Os dois grandes e aflitivos problemas na vida de Mefibosete
   a. Aqueles terríveis pés aleijados
   b. O medo de um dia dar de cara com o rei (Usualmente, todos os membros da família de um rei deposto, eram mortos)
6. Mefibosete ilustra o pecador escondido, correndo de Deus e infeliz

B. O CONVITE DO REI AO HOMEM COM PÉS ALEIJADOS (v. 4-8)

1. Davi envia seu servo para trazer a ele o homem com pés aleijados
   a. O som da batida finalmente chega, aquele que ele temia
   b. Ele morava em Lodebar, o lugar onde não há pastagem

c. Não compreende que o convite de rei é para seu bem

2. Porque Davi procurou o homem com pés aleijados

a. Para mostrar a ele a bondade de Deus (v. 3)

b. Para conseguir conhecê-lo com base no seu primeiro nome.(v. 6)

c. Para retirar seus temores (v. 7)

d. Para abençoá-lo por causa de Jônatas

e. Para dar-lhe segurança (v. 7)

3. A surpresa de Mefibosete...semelhante à sua surpresa se você vier a Jesus

C. O HOMEM COM PÉS ALEIJADOS SENTANDO-SE À MESA DO REI (versos 9-13)

1. O rei lhe devolveu tudo que tinha perdido...e que seu pai tinha perdido (v. 9)

2. Tudo agora será para seu bem

3. Ele irá tomar refeições à mesa do rei para sempre (v. 10)

4. Ele terá a posição de um dos filhos do rei (v. 11)

5. Ele agora mora na cidade do rei, Jerusalém, a cidade de paz em lugar de Lodebar, o lugar onde não há pastagem

6. Ele continuou sendo aleijado de ambos seus pés (v. 13)

a. Mas agora eles estavam sob a mesa do rei

b. Ninguém poderia vê-los

III.CONCLUSÃO

A. DEUS PROCURA SER BONDOSO PARA VOCÊ POR CAUSA DE JESUS

B. RESPONDA AO SEU CONVITE

C. COLOQUE SEUS PÉS ALEIJADOS (isto é, suas dificuldades e deficiências) SOB A MESA DE DEUS

JUNHO

O SENHOR É BOM...DIGA-O ONDE QUER QUE VOCÊ VÁ!

Naum 1:7

I. INTRODUÇÃO

A. NAUM É CONSIDERADO FREQUENTEMENTE O MAIOR ENTRE OS PROFETAS MENORES

1. Naum profetiza aproximadamente no tempo de Isaías e Miquéias
2. Naum era nativo da Galiléia
3. Cafarnaum significa "Vila de Naum"
4. Naum significa "confortador"
5. Primordialmente um livro de julgamento profetizando contra Nínive...cerca de 150 anos após o reavivamento de Jonas ali
6. Talvez melhor conhecido por alguns por causa de 2:3-4...algumas vezes considerado ser a profecia do automóvel

B. O TEXTO DE NAUM 1:7 PARA HOJE

1. Uma mensagem de tranqüilidade num tempo de tribulação
2. Uma mensagem de conforto num tempo de caos
3. Uma mensagem de paz num tempo de perigo

II. CORPO DO SERMÃO

A. O SENHOR É BOM...REVELA A PERSONALIDADE DO SENHOR

1. Que boas notícias! Deus é bom!
   a. Não é um ditador divino propenso ao castigo
   b. Não é um tirano triuno esperando cair sobre nós
2. A oração infantil: "Deus é grande, Deus é bom. "ELE É"
3. O Senhor é bom: A criação o declara!
   a. Gênesis 1:1-25: Cada parte da criação fala da sua bondade
   b. A beleza da criação
   c. Somente a humanidade caiu em pecado
4. O Senhor é bom: A cruz o demonstra
   a. A maior evidência da bondade dele

b. A maior demonstração da misericórdia e amor dele
c. O Cristo crucificado e ressuscitado demonstra a bondade de Deus

B. UMA FORTALEZA NO DIA DA ANGÚSTIA...ANUNCIA A PROTEÇÃO DE DEUS.
1. Um lugar de proteção em tempos de perigo
2. As cidades muradas de antigamente
3. Os primitivos colonizadores e seus fortes
4. O Continente americano como um lugar de proteção para aqueles que estavam fugindo da perseguição
5. A tribulação chega para cada vida, mas o Senhor nos encontra lá (João 16:33)
a. Tempos de enfermidade
b. Tempos de estresse emocional
c. Tempos de depressão
d. Tempos de reveses financeiros

C. ELE CONHECE AQUELES QUE NELE CONFIAM...FALA DE UM ANDAR PESSOAL COM ELE
1. O privilégio de ser conhecido por Deus
2. Nem um rei, nem um presidente...mas o Senhor
3. Examine João 10:1-29
4. Eu o conheço e Ele me conhece
5. Confiança é a base desse relacionamento estreito

III. CONCLUSÃO

A. QUÃO PERFEITAMENTE ISSO ACOMPANHA A RAZÃO
1. O Senhor é bom
2. Ele protege-nos
3. Portanto, Ele é digno da nossa fé

B. ANUNCIE PARA O MUNDO ESSA BOA MENSAGEM

HOMEM ABENÇOADO POR DEUS

Salmo 1

I. INTRODUÇÃO

A. QUEM QUER SER ABENÇOADO POR DEUS?

1. A maioria responderia afirmativamente
2. Sua presença aqui indica seu interesse na bênção de Deus

B. O PRIMEIRO PASSO NA DIREÇÃO DA BÊNÇÃO DE DEUS É A SALVAÇÃO

1. Essa é a mensagem da Bíblia inteira
2. Não existe fórmula para bênção que não comece com fé
3. O Salmo 1 admite que a salvação já aconteceu

C. PRESCRIÇÃO PARA A BÊNÇÃO

II. CORPO DO SERMÃO

A. OS PERIGOS PARA O HOMEM ABEÇOADO POR DEUS. (v. 1)

1. Há desvios ao longo do caminho
2. O tríplice perigo
   a. Andar no conselho dos ímpios
      (1) Os ímpios sempre estão prontos para dar conselho
      (2) Ele pode ser em forma de literatura
      (3) Ele pode ser em forma de publicidade
      (4) Ele pode ser em forma de divertimento
   b. Deter-se no caminho dos pecadores
      (1) Primeiro você presta atenção, depois você vive
      (2) Como o ramo é curvado
   c. Assentar-se na roda do escarnecedor
      (1) Note a progressão: primeiro prestou atenção, depois adotou os padrões, agora zomba dos padrões de Deus
      (2) O caminho do zombador é sempre para baixo
3. Evite esses perigos

B. O PRAZER DO HOMEM ABENÇOADO POR DEUS (v. 2)

1. O prazer é na Lei do Senhor
2. Ele aprendeu a fazer da Palavra de Deus o seu prazer
   a. Para alguns é enfadonho, mas para ele é abençoado

b. Para alguns é estupidez, mas para ele é prazer
c. Para alguns é fantasia, ma para ele é alimento
d. Para alguns é informação, mas para ele é inspiração
3. Contudo não muitos farão da palavra de Deus o seu prazer
a. Você deve remar contra a maré para fazer isso
b. Você deve decidir estar na minoria
4. O prazer de Davi (Salmo 119:16, 47, 77)

C. O DESTINO DO HOMEM ABENÇOADO POR DEUS (v. 3)
1. Ele será como uma árvore plantada junto a correntes de água
2. Que linda comparação
a. A árvore lançando suas raízes para dentro do rio
b. O rio representa o Espírito Santo
3. Tal árvore produz fruto (Gal. 5:22-23)
4. Suas folhas não murcharão (seu testemunho)
5. Em tudo que realiza, prosperará (Rom. 8:28)

III. CONCLUSÃO

A. COMPARE A DIFERENÇA ENTRE O HOMEM ABENÇOADO E OS ÍMPIOS
1. Os ímpios não são assim: refere-se a tudo acima
2. São semelhantes à palha que adere ao grão até o vento soprar
3. Os ímpios não subsistirão ao julgamento
a. "Subsistir" é o mesmo que "ressuscitar"(a ressurreição Apoc 20:6)
b. Nem os pecadores na congregação...quando ela é constituída

B. BÊNÇÃO OU AZAR? O QUE SERÁ?

O PAI DO PRÓDIGO

Lucas 15:11-32

I. INTRODUÇÃO

A. MEU PAI FAVORITO NA BÍBLIA

1. Escolhido por Jesus para ilustrar o Pai Celestial
2. Ele deve então ser pai terreno ideal a ser estudado

B. ELE FOI O PAI DE DOIS FILHOS QUE FORAM PRÓDIGOS DURANTE UM TEMPO

1. O mais novo foi pródigo em escolher os prazeres do pecado
2. O mais velho foi pródigo em escolher ser orgulhoso de si

C. POR CAUSA DO PAI SER O QUE FOI; O PRÓDIGO TORNOU-SE O QUE DEVERIA SER

1. O filho mais novo retornando e o mais velho ficando indeciso
2. Que tipo de pai foi ele?

II. CORPO DO SERMÃO

A. ELE FOI UM PAI ACESSÍVEL (versos 12-18)

1. O texto bíblico parece fornecer alguma história conhecida
   a. Parece que a mãe dos rapazes morreu
   b. Talvez no período do nascimento do filho mais novo
   c. Talvez esse homem tenha estado próximo da morte com seus dois filhos
   d. O texto também indica riquezas (servos)
2. Os sonhos do filho mais novo: um país distante; a que isso se as semelhava?
   a. Alguns pensam ter ele dormido fora, e de noite fugiu
   b. Alguns pensam ter ele pedido alguém outro para interceder por ele
   c. Esse sentiu-se livre para ir direto a seu pai: "Pai..."(v. 12)
3. Nosso Pai Celestial é acessível "Vinde a Ele como estais"
4. O país distante... VIVER DEVASSO
   a. Sonhou grandes realizações, mas encontrou grande tentação
   b. Sonhou aventura, mas no lugar encontrou grande agonia
   c. Sonhou prestígio, mas no lugar encontrou pobreza

d. Sonhou romance, mas no lugar encontrou farrapos
e. Sonhou felicidade, mas no lugar encontrou-se alimentando porcos

5. Esse Pai foi acessível, mesmo de dentro do chiqueiro: "Levantar-me-ei, e irei ter com meu pai"

B. UM PAI QUE NA MENTE DE SEU FILHO ERA ASSOCIADO COM O CÉU. (v. 18)

1. "Eu pequei contra o céu e contra ti"
2. Quando ele pensou acerca do céu, ele pensou acerca de seu pai
3. Quando ele pensou acerca de seu pai, ele pensou acerca do céu
4. Ele não podia lembrar de Deus sem lembrar de seu pai
   a. Certamente seu pai era um homem que andava com Deus
   b. Que influência! Seu filho não podia escapar disso
   c. O pai em oração, em devoções, em reverente andar
   d. Seu pai era piedoso. E quanto a você?

C. UM PAI QUE ERA CARINHOSO (v. 20)

1. "Correu, lançou-se ao seu pescoço e o beijou"
2. É irracional aquilo que a humanidade chama de indiferença
3. O olhar de amor
   a. O pai tinha estado aguardando por ele
   b. O pai correu para encontrá-lo. "Sem fôlego, mas não sem amor" (**Spurgeon**)
4. Seu filho retornando
   a. O tempo fora de casa não fez diferença
   b. O odor de porco não fez diferença
   c. Os farrapos não fizeram diferença...NEM MESMO OS BOLSOS VAZIOS
5. Seu filho está em casa, isso é tudo o que importa

D. UM PAI QUE CONFIOU EM AMBOS (versos 21,31)

1. "Trazei depressa a melhor roupa"
2. O pai aceitaria os problemas do mesmo modo como Deus o Pai os aceitou
3. Suas falhas não o afastaram do amor do Pai. VOLTE!

III.CONCLUSÃO

A. VENHA AGORA PARA O PAI CELESTIAL

B. VOCÊ SE AGRADA DELE?

HOMENS SOBRE FOGO

Daniel 3

I. INTRODUÇÃO
- A. DANIEL...LIVRO DE PROFECIA E GENTE
  - 1. Um esboço das eras
  - 2. Visões do fim dos tempos
    - a. A entrada triunfal
    - b. A cruz...a destruição de Jerusalém
    - c. O anticristo...a tribulação...governadores do tempo final
  - 3. Mas é também um livro de gente
    - a. Daniel, Sadraque, Mesaque, Abednego
    - b. Provações e triunfos de homens de fé
- B. TRÊS HOMENS QUE SÃO TESTADOS PELO FOGO
  - 1. A grande estátua-imagem
  - 2. Prostrar-se ou ser queimado
  - 3. Eles recusaram prostrar-se...mas não foram queimados

II. CORPO DO SERMÃO
- A. ELES ERAM DIFERENTES (v. 12)
  - 1. Eles reverenciavam não o rei, nem seus deuses, nem sua estátua de ouro
  - 2. Nosso Senhor era diferente
    - a. Ele era justo, num mundo pecaminoso
    - b. Ele era luz num planeta tenebroso
    - c. Seus ensinos exigiam um estilo de vida diferente
  - 3. Temos de ser diferentes, transformados pelo poder do evangelho
    - a. Nascidos de novo, sendo novas criaturas
    - b. Os coríntios transformados (I Cor. 6:9-11).
    - c. Paulo transformado (Filip. 3:7-10)
- B. ELES ERAM OUSADOS (v. 16)
  - 1. "Não necessitamos de te responder sobre esse negócio"
  - 2. A sensação do novo cristianismo
    - a. Assumindo novos posicionamentos

b. Arriscando posição, profissão, amigos
c. Zelo recente no ganhar de almas
3. Depois nós nos tornamos cautelosos
a. Tão diplomáticos que nunca testemunhamos
b. Tão tolerantes com o pecado que assumimos compromisso com o mundo
c. Tão conservadores que não fazemos progressos para Cristo
4. O andar pela fé é um andar ousado

C. ELES ERAM DEDICADOS (versos 17-18)
1. Ele é capaz de nos livrar
2. Mas se ele não nos livrar nós ainda seremos fiéis
3. Você pode ficar zangado com Deus. Ele não vai lhe dar o que você quer
a. Ele não salva seu casamento
b. Ele não cura seu ente querido
c. Ele não livra sua casa da execução da hipoteca
d. Ele nem mesmo ainda providenciou trabalho
e. Ele também ainda não salvou seus filhos
4. Entretanto, observe o total compromisso dos três homens
5. Eles eram como Jó: "Embora ele me mate, contudo confiarei nele" (Jó 13:15)
6. Eles são como Jesus no Getsêmane

III. CONCLUSÃO

A. ELES FORAM LIBERTADOS (versos 25-27)
1. E que libertação!
a. Jesus andou com eles no fogo
b. Somente as cordas se queimaram
c. Não havia cheiro de fogo sobre eles
d. Nem mesmo os cabelos deles foram chamuscados
2. Por quê??? Porque eles já estiveram sobre fogo!

B. PROCURADOS : HOMENS SOBRE FOGO!

DIA DE FORMATURA PARA JOSUÉ

Josué 1:1-9

I. INTRODUÇÃO

A. PENSAMENTOS MAIS COMUNS ACERCA DE JOSUÉ

1. Ele combateu na batalha de Jericó
2. Os muros vieram abaixo desmoronando

B. OS FATOS MAIS IMPORTANTES ACERCA DE JOSUÉ

1. Ele foi o assistente de Moisés e chegou acompanhá-lo ao monte Sinai
2. Ele foi um dos doze homens escolhidos como espias para explorar a terra de Canaã (Num. 13:16)
3. Seu nome é o mesmo de Jesus
   a. O equivalente do A. T.
   b. Seu nome significa a salvação de Deus

C. DIA DA COLAÇÃO DE GRAU DE JOSUÉ

1. O tempo de treinamento terminou
2. Em seguida começam os reais desafios da vida

II. CORPO DO SERMÃO

A. DEUS TINHA UM PLANO PARA A VIDA DE JOSUÉ (v. 2)

1. Quando sua mãe o gerou como um bebê no Egito, ele era alguém de uma família de escravos
   a. Seu futuro parecia permanecer na escravidão
   b. Da mesma forma, somos nascidos na escravidão do pecado
2. Josué foi libertado de ambos, tanto da escravidão como da morte pelo sangue
   a. A noite da páscoa: redenção e liberdade (Êxodo 12)
   b. Somos libertados da escravidão e da condenação do pecado através do sangue de Cristo. (I Pedro 1:18-19)
3. Agora o plano de Deus para a vida de Josué é revelado
   a. Moisés morre e Josué torna-se o líder
   b. Ele nunca imaginou que pudesse alcançar tal posição

4. Deus tem um plano para sua vida, além do que você pensa que possa atingir
    a. É um bom plano
    b. É um plano que você pode conhecer
    c. É um plano no qual você pode entrar pela total submissão
    d. É um plano que está disponível imediatamente

B. DEUS DEU A JOSUÉ UMA PROMESSA PARA CADA SITUAÇÃO (v. 5)
1. "Não te deixarei, nem te desampararei"
2. Que promessa! REPITA-A!
3. Viriam dias quando Josué precisaria dela
    a. A derrota de Ai (Josué 7)
    b. Seus dias em baixa não alteram a promessa
4. Que grande Deus nós servimos!
    a. Seu amor é constante e incondicional
    b. Suas promessas nunca falham
    c. Sua presença nunca é removida
5. A promessa do N. T. em Hebreus 13:6

C. A PALAVRA DE DEUS TORNOU-SE SEGREDO DO SUCESSO (v. 8)
1. Há tantos livros escritos
2. "De escrever muitos livros, não há fim" (Ecles. 12:12)
    a. Alguns bons e alguns maus
    b. Alguns áridos e alguns prazerosos
    c. Alguns bonitos e alguns enfadonhos
3. Mas há apenas um Livro que revela Deus ao homem
    a. Você procura salvação? Está na Bíblia
    b. Você busca a vontade de Deus? Está na Bíblia
    c. Você procura direção? Procure-a na Bíblia

III. CONCLUSÃO

A. SUMÁRIO
1. Deus tem um plano para sua vida
2. Suas promessas e sua graça são suficientes para cada necessidade
3. Sua palavra pode ser seu alimento e fundamento

B. ANDE COM DEUS E VOCÊ NUNCA ANDARÁ SOZINHO!

COISAS QUEBRADAS

Lucas 5:1-11

I. INTRODUÇÃO

A. JESUS ENSINANDO JUNTO AO MAR
  1. O lago de Genesaré, o mar da Galiléia
    a. Não grande, mas bonito
    b. Colinas arredondadas e uma praia estreita
  2. As multidões e o púlpito – bote de Jesus

B. A MILAGROSA PESCA DE PEIXE
  1. Um milagre bem conhecido
  2. O Senhorio de Cristo e sua chamada para servir

C. COISAS QUEBRADAS

II. CORPO DO SERMÃO

A. UMA REDE ROMPIDA (v. 6)
  1. "E as redes se rompiam"
  2. Os detalhes do milagre
    a. A pescaria terminou e eles estavam lavando suas redes
    b. Eles trabalharam arduamente a noite toda e nada apanharam
    c. O limite do homem é a oportunidade de Deus
    d. Falha nesse ponto não é um fator decisivo
    e. "Lançai as vossas redes para a pesca" (v. 4)
    f. A rede rompeu-se por causa de muito peixe
  3. O que esse milagre exigiu
    a. Ação quando o objetivo parecia impossível
    b. Trabalho quando a fadiga pedia por descanso
    c. Fé quando as circunstâncias apontavam dúvida
  4. O que esse milagre demonstrou
    a. O Senhorio de Cristo
    b. O cuidado de Deus por nossas necessidades físicas
    c. O poder de Cristo sobre a natureza
    d. O poder de Deus para abençoar é maior do que nossa capacidade para conter a bênção

B. UM HOMEM CONTRITO (v. 8)
  1. "Aparta-te de mim pois sou um homem pecador"
  2. Que estranha reação! Por quê?
    a. Pedro sabe que está na presença do Senhor
    b. Sua falta de fé
  3. Há muitas razões para arrependimento
    a. O arrependimento posterior de Pedro após negações
    b. A intimação do Senhor à igreja em Éfeso (Apoc. 2:5)
    c. Qual é a sua razão para arrependimento?

C. UMA SOCIEDADE DESFEITA (v. 10)
  1. "Quem eram sócios de Simão"
  2. Considere as possibilidades nos negócios
    a. Simon Johnson e Associados...As maiores peixarias do mundo
    b. Peixe por menor preço do seu maior pescador
    c. Monopolizando o mercado pesqueiro com Cristo
  3. Uma declaração mudou tudo aquilo
    a. "De agora em diante serás pescador de homens"
      (1) Da pesca para as pessoas
      (2) Dos peixes para as almas
    b. O mais importante para o Senhor são as pessoas
  4. Abandonando seus barcos (v. 11). Um quadro de submissão

III. CONCLUSÃO

A. O QUE VOCÊ DEVE DEIXAR PARA SE SUBMETER?

B. PERMITA CRISTO FAZER DE VOCÊ UM PESCADOR DE ALMAS

A PERGUNTA SEM RESPOSTA

Hebreus 2:3

I. INTRODUÇÃO

A. HÁ ALGUMAS QUESTÕES PARA AS QUAIS NÃO HÁ RESPOSTA

1. Quão fundo é o buraco sem fundo?
2. Quão amplo é o espaço?
3. Qual é o comprimento da eternidade?

B. COMO ESCAPAREMOS SE NEGLIGENCIARMOS TÃO GRANDE SALVAÇÃO?

C. UMA PERGUNTA QUE INDUZ A OUTRAS PERGUNTAS

II. CORPO DO SERMÃO

A. O QUE É SALVAÇÃO?

1. Salvação é libertação da penalidade do pecado
   a. Uma vez que o inferno e o julgamento surgem à frente
   b. Uma vez que cada momento leva você para mais perto da destruição
   c. Por outro lado, cada pulsação traz você para mais perto do céu
2. Salvação é libertação do poder do pecado
   a. Uma vez que você foi um escravo de vícios e da cobiça
   b. Por outro lado você é livre para vencer no poder de Deus
3. Salvação é libertação da presença do pecado
   a. Agora você está cercado com a realidade dos pecados
   b. O homem se queixa acerca do pecado, mas o escolhe, tem prazer nele, afunda-se nele
4. Todos nós precisamos da salvação, porquanto todos temos pecado

B. O QUE É TÃO GRANDE ACERCA DA SALVAÇÃO?

1. O preço pago por nossa salvação foi grande
2. O fato de que todos podem ser salvos é grande
3. A simplicidade da mensagem é grande
4. A mudança de vida é grande
5. A comunhão dos salvos é grande

6. A fidelidade do Salvador é grande
7. O fato de que a salvação é algo permanente na vida é grande

C. DO QUE ESCAPAMOS SE ACEITAMOS ESSA GRANDE SALVAÇÃO?

1. Como escaparemos?
   a. Não há escape
   b. O próprio Deus não tem conhecimento de um escape para o homem
2. A tragédia da vida com oportunidades negligenciadas
   a. O trabalho que você poderia ter realizado
   b. A educação que você poderia ter recebido
   c. A propriedade que você poderia ter adquirido
3. Quadro de você lamentando sua negligência no julgamento
4. Entretanto, o homem que aceita a salvação escapa do seguinte
   a. A culpa do passado
   b. O medo do futuro
   c. Inferno
   d. Lago de Fogo
   e. Período da Tribulação
   f. A guerra mais terrível da terra
   g. O julgamento do Grande Trono Branco

III. CONCLUSÃO

A. O GRANDE ESCAPE

B. ESCAPE PARA JESUS

INDO AO FUNDO DO POÇO E VOLTANDO

Lucas 16:19-31

I. INTRODUÇÃO

A. UMA TEMEROSA E FREQUENTEMENTE ESQUECIDA PARTE DA BÍBLIA

1. Temerosa por causa do assunto envolvido
2. Temerosa por causa do locutor...Cristo
   a. Poderia ser omitida se fossem arengas de um maluco
   b. Poderia ser ignorada se fosse insensatez de um fanático religioso
   c. Poderia ser ignorada se fosse apenas um debate de um intolerante
3. Porém, essas palavras saíram dos lábios do bondoso Jesus...daquele que morreria e ressuscitaria...daquele que está voltando

B. A APRESENTAÇÃO É UM ESTUDO EM CONTRASTES

II. CORPO DO SERMÃO

A. O CONTRASTE DE SUAS VIDAS (versos 19-21)

1. Um certo homem rico...ele era muito rico:
   a. Púrpura...uma morte pura e preciosa...a púrpura apontava para a realeza
   b. Linho fino mais púrpura significavam que o rico era considerado duplamente digno
   c. Alimentava-se luxuosamente cada dia...nunca em dificuldade com o pão de cada dia
   d. Pode até ter sido um homem religioso, mas era perdido
2. Um certo mendigo chamado Lázaro
   a. Jesus chamou suas próprias ovelhas pelo nome (João 10:3)
   b. Algumas coisas que não sabemos acerca do mendigo
      (1) Não sabemos sua idade
      (2) Não sabemos por quanto tempo ele tinha sido um mendigo
   c. Especulação referente ao seu sucesso anterior
3. Que contraste para o público enxergar
4. Mas havia certas coisas que o público não poderia enxergar

a. Não conhecia a paz que Lázaro tinha
b. Não conhecia o vazio dentro do coração do homem rico

B. O CONTRASTE DE SUAS MORTES (v. 22)
1. "E veio a morrer o mendigo"
2. Lázaro morreu primeiro. Isso não foi surpresa
a. Mas as horas da morte parecem freqüentemente ser inesperadas
b. A fragilidade, e, contudo, a resistência de nossos corpos
c. Não há menção de um funeral ou sepultamento aqui
d. Talvez tenha sido sepultado nalgum campo de oleiro ou no Vale de Hinon
3. O homem rico também morreu
a. Isso foi uma surpresa!
b. Mas riqueza não compra vida
c. E foi sepultado. Um grande funeral com pranteadores alugados
d. Alistando seus feitos
e. O oficiante pode ter pregado considerando-o na glória
4. Está ordenado ao homem morrer uma vez só

C. O CONTRASTE DE SUAS EXPERIÊNCIAS NA ETERNIDADE (versos 22-31)
1. Lázaro foi levado pelos anjos para o seio de Abraão:
a. Os cristãos que morrem agora não vão para o seio de Abraão
b. Isso acontecia somente antes do Calvário
c. Atualmente, os anjos levam os cristãos direto para o céu
2. O homem rico despertou no inferno:
a. O espírito equipado para ver, ouvir, clamar, falar
b. O espírito pode reconhecer...e lembrar
3. O grande interesse pelos seus irmãos perdidos:
a. O interesse dele ultrapassa o interesse de muitos cristãos
b. Envie Lázaro. Não. A Bíblia é suficiente

III. CONCLUSÃO

A. NENHUM HOMEM ESTÁ PREPARADO PARA VIVER ATÉ ESTAR PREPARADO PARA MORRER
B. VOCÊ SE PREOCUPA COM AQUELES QUE MORRERÃO PERDIDOS?
C. LÁZARO NÃO PÔDE IR E FALAR-LHES. VOCÊ IRÁ?

JULHO

O NASCIMENTO DE UMA NAÇÃO

Série sobre a Fé *Hebreus 11:8-10; Gênesis 2:1-3*

I. INTRODUÇÃO
  A. OS TRÊS COMEÇOS
    1. Gênesis 1: Começando com Adão
    2. Gênesis 6 e 7: Começando com Noé
    3. Gênesis 12: Começando com Abraão
  B. QUANDO O MUNDO SE REBELA, DEUS LIDA COM UM HOMEM
    1. A Torre de Babel
    2. De dentro da confusão vem uma chamada
    3. Deus dará origem à nação de Israel através de Abraão
    4. Há aqui muitas lições para indivíduos e para qualquer nação aguardando as bênçãos de Deus

II. CORPO DO SERMÃO
  A. DEUS CHAMA ABRAÃO PARA UMA VIDA DE FÉ (v. 1)
    1. "Sai-te da tua terra"
      a. Ur dos caldeus, pátria de Abraão
      b. Grande surpresa para os arqueólogos: uma civilização adiantada
    2. Abraão, um homem rico em Ur
    3. "Para uma terra que te mostrarei"
      a. Abraão deveria deixar o conhecido pelo desconhecido
      b. O primeiro grande empreendedor na Bíblia
      c. Ele deveria voltar-se da riqueza para aquela chamada para o Mundo
    4. Isso nos lembra a fé dos "peregrinos"deixando a Europa para estabelecerem-se no Novo Mundo
    5. Considere as provas da fé de Abraão
      a. Ele obedeceu e partiu como Deus ordenou
      b. Ele recusou competir para sobressair entre irmãos (Gên. 13:8-10)
      c. Ele dizimou de tudo que possuía (Gên 14:20)
      d. Ele recusou recompensas do rei de Sodoma (Gên. 14:22-23)

B. DEUS CHAMA ABRAÃO PARA UMA VIDA DE FERTILIDADE (v. 2)
1. "Farei de ti uma grande nação"
   a. Compensação por deixar seu país
   b. Os descendentes atuais de Abraão
2. "Abençoar-te-ei"
   a. Compensação por qualquer alegria terrena que ele devia receber
   b. Somente a fé pode ser assim satisfeita
3. "Engrandecerei o teu nome"
   a. Compensação por deixar sua parentela
   b. Nome já escrito no céu
   c. Considera o nome de Abraão levado e reverenciado por milhões
4. "Tu serás uma bênção"
   a. Compensação por deixar de lado as oportunidades de serviço
   b. Cristo nasceu na sua genealogia
5. Nós também devemos retornar à fé de nossos pais se quisermos ser abençoados

C. DEUS CHAMA ABRAÃO PARA UMA VIDA DE DIVINA AMIZADE (v. 3)
1. O amigo de Deus
2. "Abençoarei os que te abençoarem e amaldiçoarei os que te amaldiçoarem"
3. Nenhuma nação que tentou maltratar os descendentes de Abraão, sobreviveu
4. Deus manteve Abraão inteirado de seu plano
5. "Em ti serão abençoadas todas as famílias da terra"
   a. O Salvador prometido mediante a linhagem de Abraão
   b. Nós todos somos abençoados através de Abraão
6. Nós nos tornamos uma bênção para outros à medida que andamos intimamente com Deus

III. CONCLUSÃO

A. RESPONDERÁ VOCÊ EM FÉ COMO ABRAÃO?

B. QUER VOCÊ COMEÇAR A ORAR POR UM RETORNO DO BRASIL A DEUS?

C. QUER VOCÊ SER UM EXEMPLO DE FÉ PARA OUTROS?

FÉ: O QUE ELA É E O QUE ELA FAZ!

Hebreus 11:1

I. INTRODUÇÃO

A. UMA PALAVRA IMPORTANTE NA BÍBLIA
   1. Efésios 2:8-9: Somos salvos pela fé em Cristo
   2. Romanos 5:1: Somos justificados pela fé em Cristo

B. FÉ DEFINIDA
   1. A certeza das coisas que se esperam
   2. A convicção da realidade das coisas
   3. Crendo em Deus até o ponto da ação
   4. Resposta favorável da humanidade à revelação de Deus

C. COMO A FÉ AFETA NOSSAS VIDAS

II. CORPO DO SERMÃO

A. A FÉ FEZ ABEL CULTUAR A DEUS (v. 4)
   1. Não conhecemos muitos detalhes da fé de Abel
      a. Não sabemos exatamente quanto foi revelado a ele
      b. Lembre que Adão andou com Deus
   2. Sabemos que sua fé foi a causa dele cultuar a Deus
      a. Escolheu o mais excelente cordeiro como oferta
      b. Trouxe-o ao local do sacrifício
   3. Há algo errado com a vida que não cultua
   4. "Posso ser salvo e permanecer afastado da igreja?"
      a. Há algo errado com tal experiência de fé
      b. A fé busca oportunidade para cultuar

B. A FÉ FEZ ENOQUE ANDAR COM DEUS (versos 4-6)
   1. Ele andou com Deus (Gên. 5: 22-24)
   2. Como nosso andar será mudado se confiarmos em Cristo (II Cor. 5:17)
   3. Ele agradou a Deus. Pode isso ser dito de sua vida?
      a. Está Deus contente com os lugares que você escolhe para recreação?
      b. Está Deus contente com os livros que você lê?
      c. Está Deus contente com as palavras que você fala?

d. Está Deus contente com os planos que você tem para o futuro?

4. Seu andar de fé libertou-o da morte

C. A FÉ FEZ NOÉ TRABALHAR PARA DEUS. (v. 7)

1. A trágica história do declínio da humanidade no pecado (Gên. 6)
2. A graça triunfa: Deus salvará Noé (v. 8)
3. Mas se Deus salvará, deve ser fé real que produz obras
   a. Noé construirá uma arca porque ele crê em Deus
   b. Cada golpe do martelo diz: "Fé"
   c. Cada golpe do machado diz: "Fé"
   d. Cada árvore cortada diz: "Fé"
   e. Cada movimento do pincel enquanto aplica o piche, diz: "Fé"
4. Portanto, a fé nos fará trabalhar hoje
   a. Protegendo, participando, testemunhando
   b. Pescando pessoas

III. CONCLUSÃO

A. A FÉ JÁ TEVE INÍCIO EM SUA VIDA?

B. O QUE A FÉ MUDOU EM SUA VIDA?

C. ONDE ESTÃO AS EVIDÊNCIAS DA FÉ EM SUA VIDA?

O PÃO MULTIPLICADO

João 6:1-14

I. INTRODUÇÃO

A. O MILAGRE DESCRITO POR TODOS OS QUATRO EVANGELISTAS
1. O grande discurso sobre o pão da vida
2. A lição: "Eu sou o pão da vida"

B. TRÊS PESSOAS MENCIONADAS EM RELAÇÃO AO MILAGRE
1. Filipe...André...O rapaz que deu seu lanche
2. Lições de suas vidas e palavras para nós atualmente

II. CORPO DO SERMÃO

A. FILIPE...QUEM ESTAVA CONTANDO COM O MÍNIMO (versos 5-7)
1. "Onde compraremos pão para estes comerem?"
2. Podemos identificar-nos com esse problema
   a. Esse é um problema acerca do pão diário
   b. Alguns ficam surpresos que cristãos têm problemas
3. Observe que Jesus viu o problema antes de Filipe
   a. Nada apanha Jesus de surpresa
   b. A pergunta para provar Filipe
   c. Em todo tempo Jesus sabia o que ia fazer
4. Filipe contabilizando acerca do mínimo: "Para que cada um receba um pouco"
   a. Muitos vêem somente problemas e se concentram neles
   b. Focalizar sobre problemas limita os horizontes
   c. Ele deveria ter focalizado sobre o poder de Deus
5. A maioria de nós vive demasiado abaixo de nosso potencial

B. ANDRÉ...QUEM ESTEVE PROCURANDO PELO SENHOR (versos 8-9)
1. Alguns estão sempre se queixando sobre problemas, outros estão encontrando possibilidades
2. André como um descobridor
   a. Imediatamente após vir a Jesus ele encontrou Pedro: (João 1:40-41)
   b. Freqüentemente os novos convertidos são os melhores descobridores

c. Você se lembra de quando era um descobridor?

3. André não excluía qualquer possibilidade
   a. Aquele lanche era uma coisa pequena...mas ele o noticiou
   b. Elias precisou apenas de uma nuvem do tamanho da mão de um homem para esperar chuva (I Reis 18)
   c. Qualquer coisa que você tem é suficiente para Deus

C. O MENINO QUE DEU TUDO QUE ELE TINHA (versos 10-14)
1. A luta que precede a entrega
2. A parte do milagre não registrada
   a. A luta acerca do chamado para dar seu tudo
   b. A luta que adveio do interesse pelos outros
   c. A luta que adveio por causa da fé: ele estava faminto
3. O lanche dado para Jesus...O RAPAZ DE VISÃO AMPLA
   a. Os discípulos distribuindo o alimento
   b. O milagre, o povo satisfeito, a alegria do rapaz

III. CONCLUSÃO

A. VOCÊ JAMAIS PERDE QUANDO DÁ TUDO PARA JESUS

B. O CHAMADO PARA ENTREGA TOTAL

QUE FAZES AQUI?

I Reis 19:1-15

I. INTRODUÇÃO
- A. ELIAS, PROFETA DE DEUS
  - 1. Sua posição...apareceu com Jesus no Monte da Transfiguração
  - 2. Um dos grandes profetas do Antigo Testamento
- B. UM RELATO DE SUA VIDA
  - 1. Aparece em cena anunciando uma fome (I Reis 17)
  - 2. Alimentado por corvos e por uma viúva; em seguida vem a grande vitória no Monte Carmelo (I Reis 17, 18)
  - 3. É quase vergonhoso admirá-lo nesse tempo, um tempo de derrota
  - 4. Ele está fugindo para salvar sua vida

II. CORPO DO SERMÃO
- A. O CUIDADO DE DEUS PARA COM ELIAS (versos 4-8)
  - 1. A grande vitória de Elias e o ódio de Jezabel
  - 2. Agora todas suas vitórias foram esquecidas...SENTE PODEROSA DEPRESSÃO
  - 3. Jornada de um dia no deserto
    - a. Não quer encontrar ninguém
    - b. Não quer conversar com ninguém
    - c. Não quer assumir nenhuma responsabilidade
  - 4. Decide que não há nenhuma razão de viver
    - a. "Já basta...tira agora minha vida!"
    - b. Pediu para si a morte. O suicídio já estava em sua mente. Que triste!
  - 5. Note quão confuso ele está: foge da morte, entretanto procura-a!
  - 6. A pessoas depressiva não sabe o que quer
  - 7. Finalmente deixou-se cair debaixo de um zimbro e foi dormir
    - a. Tem você sempre se sentido tão depressivo que tudo o que você pôde fazer foi deitar-se?
    - b. Tem você achado que a vida seja inútil e vazia?
  - 8. Observe, porém, o terno cuidado de Deus para com o profeta deprimido

a. Enquanto ele dormia, um anjo o despertou. Deus estava velando por ele
b. Alimento e água providenciados. Elias acorda e se alimenta
c. Ele adormece e o anjo o desperta novamente. Não é alimentado para apenas dormir

B. A PERGUNTA DO SENHOR A ELIAS (v. 9)
1. "Que fazes aqui, Elias?"
2. A pergunta de Deus para seu filho desencorajado
a. Elias estava temendo, quando devia estar confiando
b. Elias estava queixando-se quando devia estar louvando
3. Aqui está a pergunta de Deus a um cristão desalentado pelo medo
4. Aqui está a pergunta de Deus a um cristão que pensa não ter propósito para viver
5. Aqui está a pergunta de Deus a um cristão que pensa estar vencido pelos problemas
6. Aqui está a pergunta de Deus a alguém que se concentra nas faltas dos outros
7. Aqui está a pergunta de Deus a alguém que é apóstata
8. Aqui está a pergunta de Deus a alguém que se lembra de um dia melhor

C. A COMISSÃO DO SENHOR PARA ELIAS (versos 11-15)
1. "Vem cá fora e coloca-se no norte"
2. Que experiência teve ele!
a. Um grande e forte vento fendia os montes
b. O chão treme debaixo de seus pés...pedras caem
c. Árvores queimam nas chamas...relâmpagos estouram
3. Por que toda essa comoção se Deus não está nela? Seria para chamar a atenção dele!
4. O que deveria Deus fazer para conseguir sua atenção?
5. "O que fazes aqui?" Outra vez!
6. A resposta de Elias... Mas Algo acontece no intervalo (v. 14- 15) Que põe Elias em marcha. Ele é comissionado por Deus: Vá!

III. CONCLUSÃO
A. DEUS VAI AO NOSSO ENCONTRO ONDE ESTAMOS!
B. ELE NOS COMISSIONA A RETORNAR À MARCHA
C. QUE FAZ VOCÊ AQUI?

SETE MIL SANTOS SILENCIOSOS

I Reis 19:18

I. INTRODUÇÃO

A. ELIAS, PROFETA DE PODER

1. Podia orar fervorosamente e deter chuva
2. Podia orar novamente e trazer muita chuva
3. Fogo do céu...até o morto ressuscita

B. A EXPERIÊNCIA DE DERROTA E DEPRESSÃO DE ELIAS (I Reis 19)

C. OS SETE MIL SANTOS SILENCIOSOS

1. Mencionados para animar Elias quando ele se sente totalmente sozinho
2. Mesmo Deus fala pouco deles: aqui e em Romanos 11:4
3. Uma revelação particular a Elias...Ele não sabia que existiam
4. O que sabemos desse grupo?
   a. Eles pertenciam a Deus
   b. Eles não se ajoelharam diante de Baal
   c. Eles não o beijaram
5. Seu testemunho foi inteiramente negativo

II. CORPO DO SERMÃO

A. OS EFEITOS DOS SANTOS SILENCIOSOS SOBRE OS SERVOS DE DEUS

1. Desencorajados, derrotados, deprimidos
2. Dificilmente se compara com seu ilustre passado
   a. Sua coragem em confrontar Acabe e Jezabel
   b. Sua fé em esperar alimento dos corvos
   c. Sua posição contra os profetas comprometidos
3. Mas profetas e pregadores são pessoas
   a. Por serem dados a sentimentos profundos e apogeus espirituais, eles freqüentemente tendem para a depressão
   b. Spurgeon e seus momentos de depressão. Ele pregou um sermão entitulado "Os desmaios do pregador"
   c. Nada mais inútil do que um pregador desmotivado
4. O modelo vergonhoso:
   a. Os estudos mostram que os pregadores um pouco mais

idosos não têm a mesma visão quando mais jovens

b. Em lugar disso a visão deveria aumentar

B. SEU EFEITO SOBRE AS FORÇAS DO MAL

1. Um movimento não de todo agressivo, somente negativo
2. Eles foram conhecidos somente pelas coisas que não fizeram
   a. Alguns cristãos são semelhantes a eles
   b. Tempo para ação positiva
3. O chamado para a ação
   a. Mateus 4:13-15: luz do mundo...sal da terra
   b. Atos 1:8; Mateus 18: 18-20: comissionados para servir

C. SEU EFEITO UM SOBRE OUTRO

1. Nenhuma evidência que alguém sabia da fé dos outros
2. Compare Atos 2: 120 presentes...em seguida 3000...depois 8000
3. Cada um mantendo o silêncio, manteve os outros silenciosos
4. Nossa responsabilidade é edificar-nos uns aos outros

III. CONCLUSÃO

A. DEIXE QUE O MUNDO MANTENHA SILÊNCIO

B. QUE OS REDIMIDOS DO SENHOR DIGAM SIM

A ARMA MAIS MORTÍFERA DO HOMEM

Tiago 3:1-10

I. INTRODUÇÃO

A. O LIVRO DE TIAGO...O LIVRO DA AÇÃO

1. Fé não é algo intangível que nada faz
2. Fé sem obras é morta
3. Fé que une a Deus e muda cada área da vida

B. A FÉ TAMBÉM DEVE TER SUA INFLUÊNCIA SOBRE A LÍNGUA

1. Esse pequeno membro do corpo ocupa um capítulo inteiro da Bíblia
2. A dinamite vem em pequenos pacotes

II. CORPO DO SERMÃO

A. O TREMENDO PODER DA LÍNGUA EM RELAÇÃO AO SEU TAMANHO (versos 1-5)

1. Freios nas bocas dos cavalos...lemes dos navios
2. Mudança no curso da vida
   a. "Sim" no casamento
   b. "Culpado" no tribunal
3. O poder da língua tem mudado o curso de nações
   a. Em 1896, William Jennings Bryan, um delegado substituto tornou-se um candidato
   b. O grito de Patrick Henry
4. A língua é como um fogo...destrutivo. "A língua pode falar uma palavra cuja velocidade ultrapassa o mais rápido cavalo"

B. O TERRÍVEL PERIGO DA LÍNGUA NÃO DOMADA PELO PODER DE DEUS (versos 6-8)

1. "A língua é um fogo, um mundo de iniqüidade"
2. A língua pode contaminar o corpo todo (v. 6)
3. A língua é inflamada pelo fogo do inferno
   a. Famílias se separam pelas línguas descontroladas
   b. Palavras faladas com ódio entre maridos e esposas
   c. Palavras ásperas ditas um ao outro, entre cristãos
   d. Reuniões de conselho...reuniões congregacionais...grupos

4. Cheia de peçonha mortal
   a. Línguas críticas têm fechado portas de igreja
   b. Nunca permita que uma palavra negativa ou crítica passe pelos seus lábios

C. AS POSSIBIILDADES EMOCIONANTES DE UMA LÍNGUA CONTROLADA POR DEUS

1. "Com a qual bendizemos a Deus"
2. Romanos 10:9: "Confessa com tua boca ao Senhor Jesus"
3. Atos 1:8: "Ser-me-eis testemunhas"
   a. A oportunidade de testemunhar
   b. O propósito mais elevado da língua
   c. Ensinando uma classe
   d. Treinando nossos filhos no caminho do Senhor
   e. Dizendo uma palavra afável a um alma atribulada
   f. Pronunciando palavras de paz entre inimigos
   g. Contando aos amigos e colegas acerca do amor de Deus por eles
4. Salmos, hinos e cânticos espirituais (Ef. 5:19)
5. Salmo 71:8: "A minha boca se encherá do teu louvor"

III. CONCLUSÃO

A. COMO DEUS MUDOU AS LÍNGUAS DOS HOMENS

1. Moisés, gaguejante, depois falando com Faraó
2. Pedro, amaldiçoando, depois pregando no Pentecostes
3. Paulo, consentindo na morte de Estevão, depois ANUNCIANDO AS BOAS NOVAS

B. SUBMETA SUA LÍNGUA A DEUS

C. CONSIDERE QUANTOS SÃO AJUDADOS

"A ansiedade no coração do homem o abate, mas uma boa palavra o alegra" (Prov. 12:25)

TOQUE A ORLA DO SEU MANTO

Lucas 8:43-48

I. INTRODUÇÃO

A. A ORLA DO SEU MANTO

1. Canções, poemas, sermões sobre a orla do seu manto
2. Esta é a história por detrás daquela declaração

B. A HISTÓRIA DE UMA MULHER EM GRANDE TRIBULAÇÃO

1. Desespero, determinação, livramento, declaração
2. Toque a orla do seu manto

II. CORPO DO SERMÃO

A. O DESESPERO DE UMA MULHER (v. 43)

1. A história do problema dela, tudo em um verso
   a. Ela tinha uma doença incurável
   b. Ela gastou tudo com os médicos
   c. Ela era cerimonialmente impura
2. Desesperada fisicamente, sua saúde foi embora
3. Desesperada financeiramente, seu dinheiro acabou
4. Desesperada espiritualmente, ela não podia entrar no templo
5. Ela era uma amostra de todo o povo
   a. Fisicamente, estamos caminhando sempre em direção à morte
   b. Financeiramente, o dinheiro não pode comprar o que alguém necessita
   c. Espiritualmente, o pecado nos separa de Deus

B. A DETERMINAÇÃO DE UMA MULHER (v. 44)

1. "Veio por detrás e tocou a orla do seu manto"
2. Coisas que a desencorajaram vir a Jesus
   a. A grande multidão de pessoas apertando-a
   b. A atitude de seus discípulos
   c. A importância da missão de Jesus
   d. A própria aparência dela: pálida e pobre
3. Marcos 5:28 dá os pensamentos que ela tinha
4. Contudo, ela estava determinada ir a Jesus

C. A LIBERTAÇÃO DE UMA MULHER (versos 45-46)
   1. A libertação dela veio do contato com Jesus
   2. Aquele toque no seu manto, foi o toque da fé. (v. 48)
   3. Ela exercitou uma fé muito maior do que pensou que ela podia
   4. Ela obteve mais do que aquilo que veio buscar
      a. Sua doença foi curada
      b. Ela tornou-se uma filha de Deus: "Filha, vai em paz!"

D. DECLARAÇãO DE UMA MULHER (v. 47)
   1. "Quem me tocou?" Jesus sabia?
   2. Muitos cercavam Cristo, os quais não o tocaram
   3. Observe seu testemunho simples: Ela lhe contou porque o tinha tocado e como ela foi curada imediatamente
   4. O testemunho dela ainda hoje é ouvido

III. CONCLUSÃO

A. INDO DIRETO A JESUS
   1. O medo do que os outros vão dizer
   2. E se essa mulher não tivesse ido direto

B. VENHA A JESUS COM SUA NECESSIDADE

DEUS À PORTA

Apocalipse 3:20

I. INTRODUÇÃO

A. UM TEXTO BEM CONHECIDO

1. Ensinando na Escola Bíblia Dominical
2. Familiar em sua linguagem: um homem batendo à porta

B. CONTEXTO E A CENA

1. João exilado na ilha de Patmos
2. As mensagens de Jesus às sete igrejas
3. Depois, "Eis!" Preste atenção
4. Cristo volta-se para o indivíduo

II. CORPO DO SERMÃO

A. ONDE JESUS FICA

1. À porta do coração
2. O lugar discreto...difícil encontrar pessoas batendo em portas
   a. Pense acerca de pessoas fazendo vendas porta-a-porta
   b. Os programas de visitação são uma luta contínua
   c. O bater à porta pode ser uma experiência enfadonha
3. Quem é semelhante a Jesus para ocupar o lugar discreto
   a. Nascido num estábulo...viveu entre pessoas...crucificado
   b. Ele compreende sua necessidade
   c. O evangelho: Cristo morreu por nossos pecados, foi sepultado e ressuscitou
4. Que estranho que Deus devesse bater à porta do seu coração
5. Você reconhece que Ele está ali agora mesmo?

B. COMO JESUS BATE

1. Ele bate com sua mão:
   a. A mão de Deus move circunstâncias
   b. Ele tem o mundo inteiro em sua mão
   c. A mão de Deus está apontando o estágio do cumprimento profético
   d. Nações e a natureza estão se movendo de acordo com esse plano

2. Ele chama à medida que bate
   a. "Se alguém ouvir a minha voz"
   b. Ele fala através de sua Palavra, a Bíblia
   c. Ele fala através de seus servos, ministros do evangelho
   d. Ele fala através da vida dos cristãos
   e. Ele chama em amor...e com urgência

C. O QUE JESUS FARÁ SE VOCÊ ABRIR A PORTA
1. "Eu entrarei"
2. A promessa certa
   a. Nossa parte é abrir a porta
   b. A parte do Senhor: "Eu entrarei"
3. Como Jesus pode entrar?
   a. Pelo seu Espírito
   b. Nós nos tornamos participantes da natureza de Deus: (II Pedro 1:4)
   c. Seu corpo se torna templo dele: (I Cor. 6:19-20)

III. CONCLUSÃO

A. VOCÊ SENTE QUE ELE ESTÁ BATENDO?
B. VOCÊ OUVE SUA VOZ?
C. QUER VOCÊ ABRIR A PORTA?

AGOSTO

CRESÇA NA GRAÇA

Série Sobre o Crescimento - Parte I *II Pedro 3:18*

I. INTRODUÇÃO

A. A VIDA CRISTÃ COMEÇA COM UM NASCIMENTO

1. Ao receber Cristo, nós nascemos de novo (João 1:12-13)
2. Nicodemos e o novo nascimento (João 3)

B. ISSO É QUE SEPARA O EVANGELHO DA RELIGIÃO

1. Religião é o esforço do homem para alcançar a Deus
2. Salvação é Deus descendo até ao homem, fazendo-o uma nova criação

C. MAS APÓS O NASCIMENTO VEM O CRESCIMENTO

II. CORPO DO SERMÃO

A. O QUE É CRESCER NA GRAÇA?

1. O que não é
   a. Não torna-se mais salvo do que no momento da conversão
   b. Não torna-se mais perdoado do que quando convertido
   c. Não torna-se mais justificado do que na salvação
2. O que crescimento cristão é: "Quando eu falo de crescimento na graça significa aumentar em grau, tamanho, força, vigor e poder nas nas graças que o Espírito Santo planta no coração de um crente" (J.C. Ryle)
3. Considere as expectativas do crescimento físico
   a. Numa criança, numa flor, numa árvore
   b. O jardineiro e seu jardim
4. Considere as evidências bíblicas de crescimento no homem
   a. Pedro: da apostasia à bênção
   b. Paulo: da estrada de Damasco à rodovia romana
   c. João: de Filho do Trovão à discípulo do amor

B. QUAIS SÃO AS EVIDÊNCIAS DE CRESCIMENTO?

1. Um aumento de amor (I Tess. 3:12; 4:9-10)
   a. "Nisto conhecerão todos que sois meus discípulos": (João 13:35)

b. Como nós sabemos que passamos da morte para a vida: (I João 3:14)
c. Nada somos sem o amor (I Cor. 13)
2. Um aumento de fé (II Tess. 1:3)
a. Que grandes promessas acompanham esse fruto do Espírito!
b. A maioria de nós está apenas no jardim de infância da fé
3. Um aumento do conhecimento de Deus (Col. 1:10)
a. O que você viu em Cristo quando o aceitou, comparado com agora
b. Você sabe mais acerca de Deus, agora, do que quando foi salvo?
4. Um maior desejo por santidade de vida (Filip. 3:13)

C. QUAIS SÃO OS MEIOS QUE DEUS USA PARA AJUDAR-NOS CRESCER NA GRAÇA?
1. Ele usa sua palavra (I Pedro 2:2)
a. Você nunca preencherá sua necessidade de amadurecer, com leite
b. Um novo alimento virá a você cada dia
c. Procure-o primeiro na Bíblia
2. Ele usa tribulação e experiência (Rom. 5)
3. Ele usa a vida devocional particular
4. Ele usa o culto e o serviço cristão públicos
5. Ele usa a comunhão dos crentes
a. Como nossas necessidades são supridas por outros: (I Cor. 12)
b. O que as amizades e comunhão nos proporcionam

III. CONCLUSÃO

A. VOCÊ ESTÁ CRESCENDO?
B. SE NÃO...POR QUE NÃO?

SINAIS DA INFÂNCIA ESPIRITUAL

Série Sobre Crescimento

I Cor. 3:1-4

I. INTRODUÇÃO

A. A NECESSIDADE DO NOVO NASCIMENTO
   1. Nicodemos e sua busca pela vida eterna
   2. A surpreendente revelação de Nosso Senhor sobre o novo nascimento
   3. Explicando o novo nascimento a um homem religioso (Jo: 3)

B. O PLANO DE DEUS É NASCIMENTO, CRESCIMENTO E MATURIDADE
   1. Reconhecemos isso imediatamente no reino físico
      a. Isso aconteceu com Cristo
      b. Vemos isso nos nossos filhos. Esperamos crescimento e desenvolvimento. Vitaminas, cuidado médico
   2. O crescimento espiritual, entretanto, é freqüentemente negligenciado
      a. Muita atenção é dada até à conversão...negligência posterior
      b. Alguns permanecem infantes por muitos anos
   3. A catástrofe corintiana: eles não cresceram

C. COMO PODEMOS RECONHECER A INFÂNCIA ESPIRITUAL?

II. CORPO DO SERMÃO

A. A INFÂNCIA ESPIRITUAL É RELACIONADA COM A PRÓPRIA PESSOA E NÃO COM O SERVIÇO
   1. O tempo de grande alegria no nascimento...ou na salvação
      a. No céu e aqui...raptados do fogo
      b. Libertado da destruição, daí toda atenção sobre ele
   2. O mesmo é verdadeiro com o nascimento natural: todos os olhos para ele
   3. Cresce acostumado a receber atenção
      a. Mimando o bebê e seus resultados
      b. Andar na ponta dos pés noite após noite
   4. Uma criança fica perturbada com as mínimas coisas
      a. Alguns cristãos têm de ser tratados com luvas de pelica
      b. Eles ficam com os nervos à flor da pele
      c. São como bombas...sempre prontos para explodir

(1) Na igreja, super gentís, mas em casa, explosivos
(2) Na igreja, ela é ideal, mas em casa, impossível
(3) Na igreja, ele está sempre louvando, mas em casa, murmurando
(4) Na igreja, ele é o Sr. Bom, mas em casa é o Sr. Mal-humorado
(5) Na igreja, ela é um exemplo, mas em casa, irritadiça

5. O infante é um recebedor...não um doador
   a. O infante espiritual afere tudo do ponto de vista de um receptor
   b. Exagera acerca de direitos

B. O INFANTE ESPIRITUAL INTERESSA-SE MAIS POR ARGUMENTOS DO QUE POR AÇÃO
1. Suas ocupações são: inveja, rivalidade e divisões
2. Talvez o pecado mais subestimado em nossas vidas seja a contenda
   a. Gálatas 5:19-21; Filipenses 1: 27; 2: 1-4
   b. Colossenses 3: 8-13; I Tessal. 3:12; 1:3-4
3. Tem você observado brigas de crianças?
4. É sempre mais fácil ser parte da facção do que ser da ação
5. É mais fácil resmungar e até argumentar do que agir

C. O INFANTE ESPIRITUAL OLHA PARA O POVO EM VEZ DE OLHAR PARA O MESTRE.
1. “Eu sou de Paulo”
2. O mundo infantil: mãe, pai, babá
3. Se a mãe e o pai não respondem, ele se desespera e grita
4. O infante espiritual olha para os recursos humanos
   a. A pessoa que a levou a Cristo
   b. O evangelista que pregou um sermão especial
   c. Muitas milhas para ouvir um cantor, um pregador, um programa... mas nunca participa de um culto vespertino ou reunião de oração

III. CONCLUSÃO

A. O QUE UM INFANTE ESPIRITUAL PRECISA?
1. Olhar para Cristo
2. Começar o crescimento
3. Lembrar do tribunal de Cristo

B. NÃO É TEMPO DE CRESCER?

DIREÇÕES PARA O CRESCIMENTO

Série Sobre o Crescimento *Pedro 2: 1, 2, 21*

I. INTRODUÇÃO

A. CRESCIMENTO NA VIDA FÍSICA

1. Para os bebês, o crescimento representa contar os anos
2. A tragédia do não crescimento
3. Maturidade é o objetivo

B. A VIDA CRISTÃ

1. Nascimento, crescimento, maturidade
2. O crescimento revelado nas canções
   a. "Cada dia com Cristo eu sinto maior atração"
   b. "Cada dia com Cristo é melhor que o anterior"
   c. "No amor de Cristo, mais e mais eu vou"

C. DIREÇÕES PARA O CRESCIMENTO

II. CORPO DO SERMÃO

A. O QUE DEVO ABENDONAR PARA ME TORNAR UM CRISTÃO MADURO?(v. 1)

1. Há certos brinquedos memoráveis da infância
   a. Uma menina pode ter sua boneca favorita
   b. Um menino pode ter seu carrinho ou boneco favoritos
2. Mas é natural que esses sejam deixados, na maturidade
3. "Quando eu me tornei homem, acabei com as coisas de menino" (I Cor. 13:11)
4. De acordo com Paulo...algumas coisas de menino são: inveja, disputa, divisões
5. Pedro concorda...abandone
   a. Toda a malícia, amargura: sentimentos errados em relação a outro
   b. Engano...disposição para hipocrisia
   c. Hipocrisia... o ato
   d. Inveja... é ser atormentado pelas posses do outro
   e. Toda maledicência...difamações...murmuração

B. DO QUE DEVO ME ALIMENTAR PARA ME TORNAR UM CRISTÃO MADURO (v. 2)

1. Alimento próprio para um crescimento apropriado
2. Com o que você está alimentando sua mente? Seu coração? Sua alma?
3. Somos afetados pelo que recebemos
4. Algumas coisas são prejudiciais ao crescimento espiritual
   a. A maior parte do material lido
   b. A alta porcentagem dos atuais programas de televisão
      (1) irreverência
      (2) cenas obscenas
      (3) pessoas não casadas vivendo juntas, incentivando como se isso fosse natural
      (4) Bebedeira como um sinal de boa vida
6. A Palavra de Deus, porém, desenvolve o crescimento espiritual como
   a. Desejo...ter um árido desejo qual um bebê faminto
   b. Cultivar uma fome da Bíblia, como um bebê deseja o leite

C. QUEM DEVO SEGUIR PARA ME TORNAR UM CRISTÃO MADURO? (v. 21)

1. Os heróis fazem parte de toda infância
2. A maior parte dos meus heróis de menino tombou
3. Um jovem cristão corre o risco de idolatrar a pessoa que o levou a Cristo, um certo músico ou evangelista
4. A quem você segue?
5. Mantenha seus olhos em Jesus

III. CONCLUSÃO

A. AS RELÍQUIAS DA INFÂNCIA ESPIRITUAL ESTÃO PERSISTINDO?

B. COMO ESTÁ SUA VIDA DEVOCIONAL?

C. VAMOS CONTINUAR CRESCENDO?

AS MARCAS DA MATURIDADE

Série Sobre o Crescimento *Efésios 4:7-16*

I. INTRODUÇÃO

A. O QUE FAZ O CRISTIANISMO SER DIFERENTE?

1. A vida cristã começa com nascimento espiritual...não cerimonial
2. O novo nascimento acontece quando você recebe Cristo como Salvador

B. O PLANO DE DEUS: NASCIMENTO, CRESCIMENTO, MATURIDADE

C. INDICAÇÕES DE MENINICE

1. Interessado mais em si do que no serviço
2. Interessado mais com argumento do que com ação
3. Olhando para o homem, em lugar de olhar para Deus

D. COMO PODEMOS RECONHECER A MATURIDADE CRISTÃ?

II. CORPO DO SERMÃO

A. UM CRISTÃO MATURO É UM CRENTE COM UMA MISSÃO (versos 11-12)

1. Aperfeiçoamento significa amadurecimento
2. Os dons do Senhor à igreja são para levar-nos à maturidade
   a. Os apóstolos e profetas através de seus escritos
   b. Evangelistas através de seus ministérios especiais
   c. Pastores e professores têm a responsabilidade de promover o crescimento cristão
3. Agora enxergamos o erro ao compreender a função pastoral
   a. O pastor se tornou alguém que faz o trabalho do ministro, em lugar de amadurecer outros para fazê-lo
   b. Em vez de serem participantes, os cristãos se tornaram expectadores
   c. Os pastores fazem o treinamento e o povo volta para casa para compartilhar
   d. Muitos crentes acham que suas responsabilidades terminam sustentando pastores e missionários
4. Crentes maturos consideram sua missão na vida fazendo o

trabalho do ministro: alcançando outros com o amor e o evangelho do seu Salvador!

B. UM CRISTÃO MATURO É EDIFICADOR DE OUTROS CRENTES (v. 12)
1. "Para a edificação do corpo de Cristo"
2. Edificar significa desenvolver ou ajudar para que prossiga
a. Cristo é o cabeça da igreja
b. Cada crente é um membro
3. O que pode você fazer para desenvolver o corpo de Cristo?
a. Você pode cuidar das partes do corpo que estão aflitas
(1) Orar pelos enfermos
(2) Visitar os órfãos e viúvas (Tiago 1:27)
b. Você pode cuidar das necessidades físicas do corpo
(1) Paulo e as ofertas para os crentes em Jerusalém
(2) Durante muito tempo temos relegado isso para agências sociais
c. Você pode ajudar cuidando das necessidades espirituais do corpo
(1) Seja um pacificador
(2) Viva e ensine as escrituras
4. Estão os outros mais fortes em Cristo por sua causa?
5. Está o corpo mais unido por sua causa?

C. UM CRISTÃO MATURO TEM BASE BÍBLICA (v. 14)
1. "Não mais meninos, inconstantes"
2. Não mais enganados ou atraídos por ensinos de seitas
3. Firmes na doutrina
4. Você sabe por que crê e o que você crê?
5. Maturidade na Palavra de Deus traz maturidade na vida

III. CONCLUSÃO
A. EXAMINE-SE PELAS MARCAS DA MATURIDADE
B. EM QUE ÁREAS ESTÃO SUAS MAIORES NECESSIDADE DE CRSCIMENTO?
C. VAMOS AJUDAR UM AO OUTRO NO CAMINHO DA MATURIDADE CRISTÃ

ALGUNS ASPECTOS NEGATIVOS NA MATURIDADE CRISTÃ

Série Sobre o Crescimento *Efésios 4: 17-32*

I. INTRODUÇÃO

A. A AGRADÁVEL EXPECTATIVA DO DESENVOLVIMENTO

1. Ambos, filhos e pais alegram-se no crescimento
   a. O primeiro sorriso ou dente
   b. Os primeiros passos e palavras
2. A vida cristã também tem tal progresso
3. Após o novo nascimento, o crescimento é natural

B. NÓS AMADURECEMOS PARA ASSUMIRMOS RESPONSABILIDADES QUE TRAZEM SATISFAÇÃO

1. Esse é um princípio de vida
2. Irresponsabilidade soa como liberdade, mas termina em nulidade
3. Realizações trazem satisfação
4. Nesse processo de amadurecimento, alguns aspectos negativos são necessários

C. QUAIS SÃO OS ASPECTOS NEGATIVOS DA MATURIDADE CRISTÃ?

II. CORPO DO SERMÃO

A. NÃO ANDEIS COMO OUTROS GENTIOS ANDAM (versos 17-25)

1. Há de haver uma diferença (II Cor. 5:17-18)
2. Isso realmente significa: “Não andeis como costumavam andar” (Ef. 2:1-8)
   a. Conforme o curso deste mundo
   b. Conforme o príncipe das potestades do ar, Satanás
   c. Conforme os desejos da carne
   d. Cumprindo os desejos da carne e da mente
3. Como o mundo
   a. Na vaidade da mente
   b. Tendo seu entendimento entenebrecido
   c. Tendo corações cegos
   d. Entregando-se à concupiscência
   e. Operando impureza com cobiça

B. NÃO SE PONHA O SOL SOBRE A VOSSA IRA (v. 26)
1. Nunca permita terminar um dia estando irado
2. Algumas pessoas vivem constantemente em ira
a. A ira consegue coisas para eles, e move outros
b. Os acessos de raiva, a menos que se expressem deixam as pessoas
c. De mau humor, soluçando, silenciando
3. Não devemos deixar nunca um dia findar com ira
a. Algumas tristes situações entre casais
b. Trovoadas e relâmpagos cada noite
4. Como lidaremos com a ira? Leve-a a Jesus...confesse e abandone

C. AQUELE QUE FURTAVA, NÃO FURTE MAIS (v. 28)
1. Que estranho ser necessária uma declaração como essa
2. Alguns adendos ao roubo
a. Roubo em loja, levando coisas dos patrões
b. Roubando de outros
c. Roubando de Deus (Mal. 3:10)
3. Apelo à generosidade e honestidade

D. NÃO SAIA DA VOSSA BOCA NENHUMA COMUNICAÇÃO CORRUPTA (v. 29)
1. Pelas nossas palavras seremos julgados
2. Tiago e seus comentários acerca da língua
3. O que é uma comunicação corrupta? Alguns chegam tão próximos quanto possível à irreverência
4. Salmo 19:14: "Que as palavras da minha boca..."

E. NÃO ENTRISTEÇAM O ESPÍRITO SANTO DE DEUS (v. 30)
1. Seu corpo é templo dele
2. Isso faria você cuidadoso
3. Pare de entristecer o Senhor por palavras, pensamento ou atos

II. CONCLUSÃO

A. O QUE FAZER SE ESSAS COISAS PERMANECEM EM NOSSAS VIDAS?
1. Confessai-as como pecado (I João 1: 9)
2. Apresentai vossos corpos a Cristo como sacrifícios vivos: (Rom. 12:1)

B. CRESÇA!

ASPECTOS POSITIVOS DA VIDA CRISTÃ

Série Sobre o Crescimento *Ef. 4:17-32*

I. INTRODUÇÃO

A. ASPECTOS NEGATIVOS NA VIDA CRISTÃ MADURA
   1. Não andar como outros gentios
   2. Não permitir que o sol se ponha sobre vossa ira
   3. Aquele que furtava, não furte mais
   4. Não deixe nenhuma comunicação corrupta proceder de sua boca
   5. Não entristeça o Espírito Santo de Deus

B. TEM O ESPÍRITO SANTO APLICADO ESSES ASPECTOS EM SUA VIDA?

C. VAMOS RECOLHER ALGUNS ASPECTOS POSITIVOS DO MESMO TEXTO

II. CORPO DO SERMÃO

A. SEDE RENOVADOS NO ESPÍRITO DA VOSSA MENTE. (v. 23)
   1. Observe o verso anterior. (v. 22)
      a. Nós nos despojamos do velho homem
      b. Lançamos fora as obras da carne (Gal. 5: 19-21)
   2. O cristão pode negligenciar renovar sua mente
      a. Se o fizer, pode estar agindo como um perdido
      b. Ma ele é instado a não fazer assim
   3. O perigo de negligenciar a renovação da mente interior, e a reação
      a. O caminho para o abismo (Rom. 1:18-32)
      b. Isso pode ser evitado, renovando a mente (Rom. 12:1-2)
   4. Nossas mentes precisam de renovação diária

B. REVESTI-VOS DO NOVO HOMEM (v. 24)
   1. O cristão é um paradoxo
      a. Ele tem o potencial para falhar
      b. Ele tem a velha natureza que nunca melhora à medida que vive
   2. Ele também tem o Espírito Santo residindo nele
      a. Isso coloca à sua disposição um poder ilimitado para vitória

b. O cristão se torna realmente um participante da natureza divina
c. Cristo é capaz de viver através do corpo do cristão: (Gal. 2:20)
3. Ele tem o poder que ressuscitou Cristo dos mortos
4. Fale acerca do homem de seis milhões de dólares!
5. Ele tem tudo o que precisa para um viver vitorioso

C. TRABALHEM DE FORMA QUE POSSAM REPARTIR COM AQUELES EM NECESSIDADE (v. 28)
1. Aqui se encontra o único propósito para trabalhar
2. Por que você trabalha?
a. Ganhar a vida?
b. Preparar-se para a aposentadoria?
c. Para deixar uma fortuna a seus filhos?
d. Fazer investimentos?
3. Aqui há uma razão melhor: dar para aqueles que estão em necessidade
4. É mais abençoado dar do que receber

D. SEDE BONDOSOS UNS PARA COM OS OUTROS (v. 32)
1. Se vocês não forem muito bondosos, vocês não são muito espirituais
2. Bondade que resulta do ser sensível para com as necessidades dos outros
3. Bondade que facilita para perdoar
4. Bondade que demonstra o amor de Cristo aos outros

III. CONCLUSÃO

A. DIFERENTE...MATURO...PRONTO PARA A RESPONSABILIDADE
B. EFETIVO NO SERVIÇO CRISTÃO, À MEDIDA QUE O SENHOR VIVE ATRAVÉS DE NÓS

APRENDENDO A ANDAR CRISTÃO NO CAMINHO DA VIDA CRISTÃ

Série Sobre o Crescimento *Efésios 5:1-16*

I. INTRODUÇÃO

A. O CRESCIMENTO CRISTÃO NÃO DIZ RESPEITO A VOCÊ
1. Se você não nasceu de novo
2. Se você está contente com o mero cristianismo formal
3. Se você apostatou ou está numa rotina espiritual

B. ENTRETANTO, O CRESCIMENTO CRISTÃO É NORMAL PARA CRENTES
1. O crescimento segue naturalmente o nascimento
2. As evidências de crescimento devem ser vistas em todos nós, continuamente

C. APRENDENDO O ANDAR CRISTÃO

II. CORPO DO SERMÃO

A. ANDAI EM AMOR (v. 2)
1. Porque não mencionado como o primeiro sinal de crescimento
   a. O evangelho é a maior história de amor
   b. Salvo somente após compreender o amor de Deus por nós
2. Talvez porque isso tem a ver com transmitir amor para outros
3. Outros se tornam receptores do nosso amor (o amor de Deus através de nós)
4. Esse amor é prova de fé genuína
   a. Prova de discipulado (João 13:35)
   b. Prova de nova vida (I João 3:14)
   c. Prova do Espírito Santo no interior (I Pedro 1:22)
5. Como isso afeta o temperamento e a conduta
   a. Maior interesse por outros
   b. Maior bondade no falar e agir.
   c. Maior compaixão pelos que estão em tribulação

d. O exemplo de Jesus

B. ANDAI COMO FILHOS DA LUZ (v.8)

1. Essa ordem abrange do v. 3 ao 14
2. Luz e trevas na Bíblia
   a. Luz refere-se a Deus e a justiça
   b. Trevas referem-se a Satanás e todo o mal
   c. Leia Romanos 13:11-14.
3. Observe como as trevas são expostas no texto de Efésios 5
   a. Prostituição, impureza, cobiça (V. 3)
   b. Obscenidade, conversa tola, gracejos indecentes (v. 4)
   c. Devassos, impuros, avarentos, idólatras (v. 5)
4. Em contraste, observe como a luz é descrita
   a. Bondade, justiça, verdade (v. 9)
   b. Aquilo que é agradável ao Senhor (v. 10)
   c. Rejeitando e reprovando as obras das trevas (v. 11)
5. Cristo é a fonte de luz (v. 14)

C. ANDAI CUIDADOSAMENTE (v. 15)

1. "olhando ao redor"
2. Andando com nossos olhos abertos e alerta ao que está se passando
3. A pessoa que anda cuidadosamente
   a. Tem seus olhos abertos para a necessidade dos outros
   b. Tem seus olhos abertos para a vontade de Deus
   c. Tem seus olhos abertos para os sinais do tempos
4. O andar cuidadoso é aquele que agarra oportunidades
   a. Compreende que o tempo é curto
   b. Compreende a seriedade da situação

III. CONCLUSÃO

A. COMO ESTÁ O SEU ANDAR?

B. CHAMADO PARA O ANDAR APROPRIADO

1. Em amor
2. Na luz
3. Cuidadosamente

O CRESCIMENTO CRISTÃO E SEU INIMIGO

Série Sobre o Crescimento *Ef. 6:10*

I. INTRODUÇÃO

A. NO MOMENTO VOCÊ ESTÁ CRESCENDO
  1. Alguns têm feito novos compromissos com Cristo
  2. Alguns reconstruíram altares ruídos
  3. A vida devocional de alguns foi reavivada
  4. As marcas da maturidade começam a aparecer

B. ALGUÉM NÃO GOSTA DISSO
  1. Você tem um inimigo que faz cara feia sobre seu progresso espiritual
  2. O propósito dele é impedir você no seu caminho para um patamar mais elevado

II. CORPO DO SERMÃO

A. O ADVERSÁRIO (versos 10-18)
  1. O texto revela um inimigo determinado
     a. Seja forte
     b. Vista toda a armadura de Deus
     c. A luta romana
  2. A realidade da existência de Satanás
     a. A Bíblia fala dele muitas vezes
     b. O propósito dele é sua destruição (João 10:10)
     c. Ele age freqüentemente como um anjo de luz: (II Cor. 11:14)
     d. Ele vai ao redor da terra rugindo como um leão: (II Pedro 5:8)
     e. Algum dia ele terá um representante político (Apoc. 13)
  3. Há uma batalha espiritual travada constantemente
  4. Cada cristão está alistado para se opor ao inimigo

B. OS ASSOCIADOS NESSA BATALHA (v. 10)
  1. "Finalmente, meus irmãos". (Ef. 6:10)
  2. Você não está sozinho nessa batalha
     a. Outros têm de enfrentar o mesmo inimigo

b. No momento da salvação, você nasceu dentro dessa comunhão combatente
c. Estejamos certos de que lutamos contra o inimigo...não um contra o outro
3. Aprendamos a ajudar um ao outro nessa batalha contra o adversário
a. Está o outro cristão lutando contra a tentação?
b. Está o irmão ou irmã desencorajado?
c. Está nosso irmão em Cristo atravessando dificuldade?
4. Você é um peregrino...mas não o único peregrino
5. Tenha urgência em ajudar aqueles que estão em conflito:
a. Ajoelhando-se rapidamente em oração
b. Dizendo palavras de encorajamento aos que estão em necessidade

C. OS RECURSOS DISPONÍVEIS NESSA BATALHA (v. 10)
1. "Fortalecei-vos"
a. Você pode se sentir fraco
b. Mas você pode se valer da força de Deus
2. "Fortalecei-vos no Senhor e na força do seu poder"
3. O poder do Espírito Santo dentro de cada crente
4. O poder da oração disponível para todos
5. O poder da palavra de Deus
6. O poder do sangue de Cristo
7. O poder de um Salvador vitorioso

III. CONCLUSÃO

A. NASCIDO PARA VENCER
B. VOCÊ NÃO TEM DE SER DERROTADO
C. FAÇA USO DOS SEUS RECURSOS E CONTINUE CRESCENDO

SETEMBRO

O CRESCIMENTO CRISTÃO E SUA BATALHA CONTRA O INIMIGO

Parte I — *Efésios 6:10-18*

I. INTRODUÇÃO

A. A VIDA CRISTÃ É UM DOS CONSTANTES CONFLITOS
1. Para alguns isso é desencorajador
2. Tinham esperado encaminhar-se para o céu com facilidade
3. Estamos trancados num conflito com o mundo, a carne e o diabo
4. Uma batalha espiritual impetuosa se estende por toda a vida do crente
   a. Batalha contra Satanás
   b. A batalha contra os poderes demoníacos

B. ESSE CONFLITO PODE SER UMA VITÓRIA APÓS OUTRA VITÓRIA
1. A vitória de Cristo na cruz
2. Somos equipados para vencer

II. CORPO DO SERMÃO

A. O CINTURÃO DA VERDADE
1. Satanás é chamado de o pai de mentiras (João 8:44)
2. O cinturão da verdade para opor-se a ele
   a. O cinturão para manter as roupas esvoaçantes fora de embaraço
   b. Israel na primeira noite de Páscoa (Ex. 12:11).
   c. A desonestidade passa-nos a rasteira
   d. Ninguém tem uma memória suficientemente boa para ser um mentiroso de sucesso
3. Verdadeiros conosco mesmos, no lidar com o pecado: (I João 1:7-9)
4. Verdadeiros com Deus (Salmo 51:9)
5. Verdadeiros com os outros

B. A COURAÇA DA JUSTIÇA
1. Nós não somos salvos pela nossa justiça

2. Mas uma vez convertidos, é o propósito de Deus produzir em nós a justiça dele
3. A justiça de Cristo é nossa através da fé
4. A justiça dele apresentada através de nós
5. Ambas as coisas são necessárias
   a. Eu preciso ter a justiça de Cristo
   b. Outros precisam ver em mim a justiça de Cristo
6. Isso significa justiça posicional e prática
7. Pratique a justiça! E as coisas corretas seguirão
8. Não podemos fazer o erro e esperar vitória espiritual

C. A PREPARAÇÃO DO EVANGELHO DA PAZ

1. O que é o evangelho?
2. Quando você o ouviu pela primeira vez?
3. A preparação do evangelho da paz: sendo capacitado para compartilhar o evangelho com os outros
4. Por que é chamado o evangelho da paz (Rom. 5:1)
5. Calçados os pés com o evangelho da paz: indo ao encontro dos outros com o evangelho
6. A melhor defesa é um bom ataque
7. Enquanto permanecermos parados seremos presas fáceis
8. Leve o evangelho para outros e experimente vitória

III. CONCLUSÃO

A. VERDADE, JUSTIÇA, GANHAR ALMAS

B. QUAL DESSES FAZ PARTE DA SUA BATALHA DIÁRIA?

C. VISTA-AS E COMECE A VENCER

O CRESCIMENTO CRISTÃO E SUA BATALHA CONTRA O INIMIGO

Série Sobre o Crescimento - Parte II *Ef. 6:16-20*

I. INTRODUÇÃO

A. O INIMIGO...A ARMADURA...A ENERGIA

1. O inimigo: O príncipe do poder do ar (Satanás) e os demônios
2. A armadura (versos 14-16)
3. A energia (v. 18)

B. MEIO EQUIPADO PARA A BATALHA

1. O cinturão da verdade
2. A couraça da justiça
3. A preparação do evangelho da paz

C. O RESTO DA ARMADURA

II. CORPO DO SERMÃO

A. O ESCUDO DA FÉ (v. 16)

1. Duas coisas impressionam-nos imediatamente
   a. Estamos sob ataque de dardos inflamados
   b. A fé é a parte mais importante da armadura (de todas acima)
2. Dois tipos de escudos usados antigamente
   a. Um escudo grande para esconder-se atrás (**thereos**)
   b. Um escudo pequeno para mover-se de um lado para outro (**aspis**)
   c. O escudo aqui mencionado é o grande
3. Satanás envia dardos inflamados
4. O escudo da fé é tão eficaz que apaga **todos** os dardos
   a. A fé pode vencer cada ataque do inimigo
   b. Dardos de orgulho, inveja, preocupação, medo, cobiça
5. O poder da fé. Considere Hebreus 11

B. O CAPACETE DA SALVAÇÃO (v. 17)

1. Sabemos que isso tem a ver com a cabeça
   a. A casa da mente

b. Uma salvação biblicamente fundamentada
2. A segurança da salvação capacita-nos a permanecer contra o inimigo
3. Considere a segurança de Paulo
a. Falando ousadamente (v. 20)
b. "Eu sei em quem tenho crido". (II Tim. 1:12)
4. Moody: "Nunca conheci uma pessoa eficiente no serviço do Senhor, que não tivesse certeza da salvação"

C. A ESPADA DO ESPÍRITO (v. 17)
1. A espada do Espírito é a Palavra de Deus
2. Uma arma ofensiva na armadura
3. Foi a arma que Jesus usou contra Satanás, na tentação (Mateus 4)
4. É para ser usada no conflito com o diabo
5. A arma de Davi para manter uma vida limpa (Salmo 119:9-11)
6. Nunca sabemos do impacto mesmo de um só texto bíblico
7. O poder da Palavra de Deus sobre o inimigo

III. CONCLUSÃO

A. SUMÁRIO DE TODA A ARMADURA

B. ORANDO SEMPRE (v. 18)
1. Oração é a linha de comunicação do quartel-general
2. Oração é necessária para a vitória

C. AVANTE SOLDADOS CRISTÃOS

A CIDADE QUE DEUS QUERIA SALVAR

Série sobre Jonas *Jonas 1*

I. INTRODUÇÃO

A. UM LIVRO IMPORTANTE NO ANTIGO TESTAMENTO

1. A história de Jonas: chamado para pregar e finalmente engolido pelo grande peixe
2. Empregada como um tipo de morte e ressurreição de Cristo
3. O registro inteiro autenticado por Jesus

B. UM LIVRO EXTREMAMENTE APROPRIADO PARA SER ESTUDADO À LUZ DAS CONDIÇÕES MUNDIAIS

II. CORPO DO SERMÃO

A. O CHAMADO DE DEUS PARA SALVAR UMA CIDADE (versos 1, 2)

1. Deus chama seu servo e há uma razão
2. A contagem regressiva começou para uma grande cidade! Faltavam apenas seis semanas
   a. A contagem regressiva da iniqüidade
   b. A contagem regressiva da vida
   c. A contagem regressiva do cumprimento profético
3. Há alguma esperança? SIM!
4. Mas essa esperança baseia-se num profeta chamado Jonas, e ele está...descansando
   a. "Jonas, levanta-te". Vá andando
   b. Jonas representa a igreja dormente nesta hora crucial
   c. Nínive representa um mundo perdido à beira do juízo e destruição

B. A CONDIÇÃO DO CORAÇÃO DE JONAS (v. 3)

1. Rebelde e desobediente:
   a. "Vá para Nínive". Ele foi para Jope
   b. Deus disse para ir para o ocidente, e ele foi para o oriente
2. Você conhece um ponto de partida da vontade de Deus?
3. A esteira descendente da apostasia
   a. É sempre assim
   b. Ou você vai para cima, ou para baixo

4. Deus teve mais aborrecimento em conseguir que seu servo fosse, do que conseguir que Nínive se arrependesse

C. O CASTIGO DE JONAS (versos 4-16)

1. O Senhor castiga seus filhos (Hebreus 12:4-11)
2. A tempestade: Deus persegue o que lhe é próprio
3. Jonas adormecido na tempestade
4. O propósito de Deus em nossas provações
5. A reação dos marinheiros
6. A pergunta investigativa deles: "Que é isso que fizestes?" (v. 10)

D. A CAPTURA DE JONAS PELO GRANDE PEIXE (versos 11-17)

1. A instrução de Jonas e a calmaria do mar (versos 11-15)
2. As orações dos marinheiros (v. 16)
3. O milagre do grande peixe (Deus iria a qualquer distância para preservar Jonas porque tinha um trabalha para Ele realizar)

III. CONCLUSÃO

A. A CONTAGEM REGRESSIVA CONTINUA

B. QUAL É A CONDIÇÃO DO SEU CORAÇÃO?

C. JONAS TRAZIDO AO LOCAL DE ORAÇÃO.

D. O QUE DEVE DEUS TRAZER PARA DENTRO DE SUA VIDA, AFIM DE TRAZER-LHE A SI MESMO E À SUA VONTADE?

A ORAÇÃO DE JONAS

Série Sobre Jonas *Jonas 2*

I. INTRODUÇÃO

A. A CIDADE QUE DEUS QUERIA SALVAR...NÍNIVE

1. Localizada na margem ocidental do rio Tigre
2. Abrangia uma vasta área
   a. Cerca de 100 Km
   b. População de 600.000 pessoas

B. DEUS CHAMA UM HOMEM PARA ENTREGAR A MENSAGEM

1. Jonas, um profeta de acordo com Jesus
2. Jonas foge
   a. Deus teve mais aborrecimento para obter prontidão do seu servo, do que obter o arrependimento de Nínive
   b. Desceu para Jope, desceu para dentro do navio, para o porão do navio
   c. A tempestade, os marinheiros, o grande peixe

C. A ORAÇÃO DE JONAS

II. CORPO DO SERMÃO

A. ONDE ELE OROU!!! (versos 1-2)

1. "Lá das entranhas do peixe" (2:1)
   a. Um estranho local para orar
   b. Um local que ninguém escolheria
   c. Foi ali que ele esteve, e aquele foi o lugar para orar
2. "E Ele me respondeu"
3. Duas grandes lições
   a. Deus nos ouve em qualquer lugar
   b. É muito melhor orar em circunstâncias normais do que esperar estar em circunstâncias anormais
4. Agora é o tempo aceitável

B. POR QUE ELE OROU!!! (v. 2).

1. "Por causa da minha aflição"
2. Ele não havia orado por algum tempo
   a. Fugindo de Deus

- b. Negligenciando suas responsabilidades espirituais
- c. Dormindo durante a tempestade...disciplinadora

3. Ele realmente esteve aflito
   - a. "Do ventre do inferno gritei" (v.2)
   - b. "Lançado no profundo" (v.3)
   - c. "A corrente das águas me cercou" (v.3)
   - d. "Tuas ondas e vagas passaram sobre mim" (v. 3)
   - e. "As águas me cercaram, até a alma" (v.5)
   - f. "As algas se enrrolaram na minha cabeça" (v.5)

C. QUANDO ELE OROU!!! (v. 7)

1. Quando sua alma esmorecia dentro dele
2. Jonas estava agora no final de si mesmo
   - a. Não mais correndo
   - b. Não mais com surdez espiritual
   - c. Como o filho pródigo
3. A mudança do coração de Jonas
   - a. "Eu me lembrei do Senhor"
   - b. "Eu te oferecerei sacrifício"
   - c. "Pagarei o que te votei"
   - d. "Ao Senhor pertence a Salvação"

III. CONCLUSÃO

A. A LIBERTAÇÃO DE JONAS POR DEUS

1. Jonas em terra seca
2. Liberto da aflição

B. A PALAVRA DO SENHOR VEIO SEGUNDA VEZ A JONAS

1. O chamado de Deus é renovado
2. Nunca é demasiadamente tarde para ser usado por Deus

A SEGUNDA VEZ

Jonas 3

I. INTRODUÇÃO

A. A CIDADE QUE DEUS QUERIA SALVAR...NÍNIVE
   1. Uma grande e pecadora cidade
   2. Uma cidade que estava em contagem regressiva para o julgamento
      a. A contagem regressiva da iniqüidade, da vida, do cumprimento profético
      b. Seis semanas até a destruição

B. JONAS...O PROFETA RELUTANTE
   1. Chamado, escolhido, mas foge
   2. Engolido pelo grande peixe: Um tipo de morte, sepultamento, ressurreição

C. A PALAVRA DO SENHOR VEIO A SEGUNDA VEZ

II. CORPO DO SERMÃO

A. A SEGUNDA CHAMADA VEIO APÓS FALHA E CASTIGO (cap. 1 e 2)
   1. Muitas coisas acerca da resposta de Jonas ao chamado de Deus estavam erradas
      a. Sua atitude estava errada. Ninguém sabia melhor disso do que ele mesmo
      b. Sua fuga. Ninguém sabia melhor disso do que ele mesmo
      c. Escolhendo a vontade própria. Ninguém sabia melhor disso do que ele mesmo
   2. O castigo vem para o obstinado filho de Deus
   3. Os cristãos nunca podem evadir-se, pecando: (Hebreus 12:4-11)
      a. Aquela tempestade não foi acidente
      b. O grande peixe não foi acidente
   4. Exemplos de pessoas sob o castigo de Deus
      a. Israel vagando no deserto durante quarenta anos
      b. Sansão moendo na prisão: cego e sem força

5. Mas a graça de Deus alcança aqueles que falharam
   a. Sansão retornaria e recobraria sua força
   b. Pedro, mesmo tendo chorado por causa de suas negações, tornou-se o porta-voz da igreja
   c. E Deus lhe encontrará onde você está

B. A SEGUNDA CHAMADA VEIO A JONAS COM A ANTIGA COMISSÃO (3:2)
1. Essa segunda chamada é evidência da maravilhosa graça de Deus
2. Jonas deve ter pensado que tudo estava terminado para ele
   a. Revoltado ali na praia: exausto e esgotado
   b. Pensou que o livramento foi o melhor que poderia acontecer
   c. Provavelmente duvidou que Deus alguma vez viesse a usá-lo novamente
3. Mas Deus chamou Jonas pela segunda vez, com a mesma mensagem
4. O Deus da segunda oportunidade: não para a salvação, mas para o serviço
5. A mensagem abençoada do Salmo 51

C. A SEGUNDA CHAMADA VEIO APESAR DO FATO DE QUE JONAS PUDESSE FALHAR NOVAMENTE (cap. 4)
1. Jonas ficou descontente com o arrependimento de Nínive
2. Aqui está um homem que está desapontado com o seu próprio sucesso
3. Aqui está um pregador que lastima que Deus o tenho usado
4. Aqui está um evangelista que está lastimando sobre uma cidade toda de penitentes
5. Que corações duros nós temos! **Mesmo assim Deus ainda nos ama**

III. CONCLUSÃO

A. QUALQUER QUE SEJA SEU PASSADO, DEUS LHE ENCONTRARÁ HOJE!

B. MESMO QUE VOCÊ ESTIVER FRACO E FALHO AMANHÃ, ELE LHE ENCONTRARÁ HOJE

"Nenhum médico jamais dosou remédio aos seus pacientes com tanto cuidado e exatidão como Deus dosa pra nós cada provação. Nenhum grão demasiado grande Ele permite ser posto na balança" (Henry Ward Beecher)

O AVIVAMENTO EM NÍNIVE

Série Sobre Jonas *Jonas 3*

I. INTRODUÇÃO

A. O CAMINHO PARA NÍNIVE

1. A chamada de Deus e a fuga de Jonas
2. O grande peixe e a segunda oportunidade de Jonas
3. Finalmente, o grande avivamento

B. PRECISAMOS DE UM AVIVAMENTO NO BRASIL HOJE?

1. Provavelmente, não temos idéia do quanto!
2. Nós também estamos em contagem regressiva
3. A hora zero pode estar sobre nós

C. OS FATORES DO AVIVAMENTO EM NÍNIVE

II. CORPO DO SERMÃO

A. A PREGAÇÃO DE JONAS (versos 3-5)

1. Jonas se aproxima da grande cidade
   a. 100 Km ao redor dela; 600.000 pessoas
   b. Muros de 30 metros de altura, com capacidade de três carros lado a lado, em cima
   c. Sem homens intelectuais, sem rádio, sem televisão
2. Iniqüidade na cidade...povo preocupado em buscas pecaminosas
3. Jonas era um pregador zeloso. Sua experiência era recente
   a. Uma mensagem de julgamento se aproximava
   b. Uma mensagem de oportunidade limitada: quarenta dias
   c. Direta...poderosa...pessoal
4. Jonas sabia que Deus estava levando a sério, e então ele também!
5. A fé de Jonas era contagiante

B. O ARREPENDIMENTO DO REI (versos 6-7)

1. O povo creu em Deus
2. Mas agora isso alcançou o rei
3. Quão difícil é para os privilegiados se arrependerem!
   a. O jovem príncipe rico

b. Félix: "Uma ocasião mais favorável" (Atos 24:25)
c. Agripa: "Por pouco me persuades a fazer-me cristão" (Atos 26:28)

4. O arrependimento é algo raro para o rico e poderoso
5. A descoberta do rei
   a. Riquezas não são suficientes, ele necessitava de justiça
   b. Poder não era suficiente, ele precisava de paz
   c. Funcionários não eram suficientes, ele precisava de salvação
6. O arrependimento do rei moveu toda a cidade ao arrependimento

C. AS ORAÇÕES DO POVO (versos 8-10)

1. "Clamem fortemente a Deus"
2. II Crônicas 7:14: "se meu povo"
3. De um povo extraviado a um povo suplicante
4. De cometedores de pecados a confessores de pecados
5. O fator sem o qual nenhum avivamento ocorrerá
6. O que o clamor deles produziu
   a. A cidade foi poupada
   b. O povo foi liberto da destruição

III. CONCLUSÃO

A. OS NINIVITAS SE LEVANTARÃO NO JUÍZO FINAL (Mateus 12: 38-41)

B. APLICAÇÃO E CHAMADA AO AVIVAMENTO PESSOAL

O PROFETA MAL-HUMORADO

Série Sobre Jonas — *Jonas 4*

I. INTRODUÇÃO

- A. UM BREVE INTERLÚDIO NA VIDA DE JONAS
    1. Nada sabemos acerca do seu passado...antes de sua chamada
    2. Nada sabemos acerca dele após completar sua missão, exceto a breve narrativa no capítulo 4
- B. JONAS MAL-HUMORADO APÓS O ARREPENDIMENTO DE NÍNIVE
    1. Aprendendo mais acerca de Jonas
    2. Sua reação ao sucesso

II. CORPO DO SERMÃO

- A. FALTA DE AMOR POR NÍNIVE (versos 1-3)
    1. Agora sabemos porque ele se rebelou ao chamado de Deus
    2. Ele não gostava dos ninivitas porque eles não eram judeus
    3. Quão fácil é cair no sectarismo: cor, raça, etc.
    4. Porém todos pecaram e estão separados da glória de Deus (Rom. 3:23)
    5. Não há diferença
    6. A cruz demonstra o amor de Deus por todos os povos
        - a. As diferenças são niveladas ao pé da cruz
        - b. Todos necessitam ser salvos e todos podem ser salvos
    7. Não podemos fechar nossas mentes às necessidades das pessoas
- B. SEU AMOR PELO PRAZER (v. 5)
    1. Construindo seu abrigo no lado oriental da cidade
    2. Esperando o julgamento de Deus cair sobre Nínive
        - a. Admirando-se porque o julgamento de Deus não aconteceu
        - b. Pense, entretanto, na graça de Deus que nos preserva do seu julgamento
    3. O Senhor não permitiu Jonas ir embora com essa atitude
        - a. A aboboreira que cresceu durante a noite

   b. A larva que causou a morte da aboboreira
   c. O vento oriental soprando sobre a careca de Jonas
  4. Para Jonas...o prazer era mais importante que as pessoas
  5. O conforto foi mais importante do que salvar a cidade
  6. Há muitos semelhantes a ele
 C. SEU AMOR POR SI MESMO (v. 9)
  1. Quão fácil cair nesta armadilha!
  2. A auto-piedade é um dos pecados toleráveis
  3. Um dos pecados que não conduz ao desespero e depressão
  4. Justificando o pecado da ira: "É justo que me enfade"

III. CONCLUSÃO
 A. DEUS CONTESTANDO O PROFETA IRADO
  1. Lições da aboboreira
  2. Comparação de pessoas com plantas
 B. O CAPÍTULO TERMINA COM DEUS AINDA CONTESTANDO JONAS
 C. OUÇA DEUS CONTESTANDO COM VOCÊ
  1. Você se importa com as pessoas?
  2. O que tem prioridade em sua vida?
  3. É o seu "eu" ou o Salvador quem reina em sua vida?

AVIVAMENTO

Série Sobre Avivamento — *Salmo 85:6*

I. INTRODUÇÃO

A. AVIVAMENTO, UMA PALAVRA MAL ENTENDIDA

1. Usada freqüentemente, mas freqüentemente usada de maneira errada
2. Mais do que uma série de reuniões

B. O QUE É AVIVAMENTO?

1. Avivamento é especificamente o negócio de cristãos
2. Tem a ver com trazer vida de volta
3. Walter Boldt: "Avivamento é Deus operando, restaurando a saúde da igreja." Essa é uma definição aceitável se compreendermos que a saúde da igreja é uma igreja ganhadora de almas. Avivamento deve resultar em colheita
4. Avivamento pode ser a experiência de todo o corpo de Cristo, de uma igreja local ou de um cristão

C. FATOS IMPORTANTES ACERCA DO AVIVAMENTO

II. CORPO DO SERMÃO

A. É CORRETO ORAR POR AVIVAMENTO

1. "Não tornarás a vivificar-nos?"
   a. O salmista está orando por avivamento
   b. Todos avivamentos começam com oração
2. Moody: "Cada grande obra de Deus pode ser ligada a uma pessoa ajoelhada"
3. "Se o meu povo, que se chama pelo meu nome, se humilhar e orar" (II Crôn. 7:14)
4. "Quando eles oraram, tremeu o lugar". (Atos 4:31)
5. O que você está fazendo quanto à oração por avivamento?
   a. Tempo adicional em oração?
   b. Reuniões adicionais de oração?

B. É CORRETO ESPERAR AVIVAMENTO

1. "Não tornarás a vivificar-nos?"
2. Muitos crêem que avivamento aconteceu no passado

a. Eles crêem que a pecadora Nínive se arrependeu
b. Eles crêem que a igreja primitiva virou o mundo de cabeça para baixo
c. Eles crêem que João e Carlos Wesley levaram avivamento para a Inglaterra
d. Eles crêem que Jonathan Edwards experimentou avivamento na América Colonial
e. Eles crêem que Charles Finney e A. C. Lanphier foram usados para trazer o avivamento em 1857
f. Eles vibram com as histórias do avivamento galês

3. Mas eles não acreditam que Deus possa trazer avivamento hoje
4. Algumas vezes isso é o resultado de um mal entendido acerca da profecia
5. Algumas vezes é uma falta de vontade de pagar o preço do avivamento
6. Sempre haverá vozes derrotistas
7. Mas Deus é imutável
8. Podemos ter avivamento agora

C. É CORRETO ESPERAR ALEGREMENTE O RESULTADO DO AVIVAMENTO

1. O avivamento pode começar em lágrimas, mas prossegue para alegria
2. O cristão que está continuamente lamentando sobre pecados passados não compreende a graça de Deus e necessita de avivamento
3. Avivamento e regozijo andam de mãos dadas
   a. As minas de carvão no País de Gales ficaram cheias de cânticos
   b. Os bares ficaram vazios, os tribunais sem casos judiciais
   c. O avivamento manifesta-se quando o povo de Deus se concentra em Jesus, resultando em alegria

III. CONCLUSÃO

A. COMO AVIVAMENTOS COMEÇAM: COM POUCAS PESSOAS INTERESSADAS

B. VOCÊ QUER PERMITIR O AVIVAMENTO COMEÇAR EM VOCÊ?

OUTUBRO

AVIVAMENTO...PARA UM TEMPO COMO ESSE

Série Sobre Avivamento *Isaías 6:1-8*

I. INTRODUÇÃO

A. O BRASIL TEM NECESSIDADE DE UM GRANDE AVIVAMENTO

1. Nunca houve uma hora mais séria
2. O mundo conturbado, o deslize moral...a contagem regressiva
3. É tempo para um genuíno avivamento...deve começar nas igrejas

B. ISAÍAS, O PROFETA, VIVEU NUM TEMPO COMO ESSE

1. Examine o capítulo um: um povo obstinado
2. Examine o capítulo cinco: os ais pronunciados
3. Examine o capítulo seis: Isaías avivado num tempo como esse

C. NOSSAS NECESSIDADES E A VISÃO TRANSFORMADORA DE ISAÍAS

II. CORPO DO SERMÃO

A. UMA NOVA PERCEPÇÃO DO CARÁTER DE DEUS

1. No ano em que morreu o rei Uzias (v. 1)
   a. Uzias, um grande e poderoso rei
   b. Quando ele morreu, Isaías viu o Senhor
2. Isaías, agora incapaz de olhar para Uzias, olha para Deus e descobre quem realmente Ele é
3. Quem é Deus, realmente?
   a. Ele é todo poderoso...onipotente
   b. Ele é conhecedor de tudo...onisciente
   c. Ele está por toda parte...onipresente
   d. Ele é eterno
4. Isaías teve que aprender que Ele é santo
   a. Santo, santo, santo...a trindade
   b. Moisés tirou os sapatos de seus pés...terra santa (Ex. 3:5)
   c. A cruz, o supremo exemplo da santidade de Deus
5. Deus não mudou (Apoc. 4:8)

B. UM NOVO DESPERTAR DA CONSCIÊNCIA CRISTÃ (versos 5-6)

1. “Então eu disse...Ai de mim!”Contraste ao capítulo precedente dos ais
2. Isaías viu-se medido pelo padrão de Deus
3. Últimos dias...consciências cauterizadas. (I Tim. 4:2)
   a. Honestidade nos moldes antigos, difícil de encontrar
   b. Convicções tipo elástico
4. Ouça a confissão de Isaías
   a. “estou perdido”
   b. “sou um homem de lábios impuros”
   c. “habito no meio dum povo de impuros lábios”
5. Note quão específico ele é
6. Observe também a mensagem maravilhosa e clara de perdão (v. 6)

C. UM NOVO INTERESSE PELAS ALMAS DOS HOMENS (v. 8)
1. A pergunta do Senhor: “A quem enviarei?”
2. A resposta de Isaías: “Envia-me a mim”
3. As pessoas orarão quase nada mais
4. Mas avivamento produz ganhadores de almas, pessoas que cuidam
5. Quer você ir para onde o Senhor envia ou orienta?

III. CONCLUSÃO

A. A PERGUNTA DO SENHOR AINDA SOA

B. QUAL SERÁ A SUA RESPOSTA?

C. QUANDO SEU CORAÇÃO ESTÁ CORRETO, VOCÊ ESTÁ PRONTO PARA SERVIR

AVIVAMENTO NA CADEIA

Série Sobre Avivamento *Atos 16:25-34*

I. INTRODUÇÃO

A. AVIVAMENTOS E TUMULTOS

1. Por onde Paulo viajou ele teve ou um avivamento ou um tumulto
2. Parece estranho que seus avivamentos aconteceram algumas vezes na prisão e seus tumultos no templo...mas pode não ser tão estranho
3. No texto presente ele teve ambos

B. AVIVAMENTO NUM TEMPO INCOMUM

1. Os avivamentos têm ocorrido caracteristicamente em tempos e locais incomuns
2. As bênçãos de uma igreja avivada

C. FATORES DO AVIVAMENTO NA CADEIA

II. CORPO DO SERMÃO

A. DOIS CRISTÃOS EM VERDADEIRA ORAÇÃO (v. 25)

1. Paulo e Silas oravam
   a. Não se admire de que eles oravam
   b. Bendita é a aflição que nos conduz a dobrar os joelhos
   c. Mas esse homens oraram antes que a tribulação viesse (v. 16)
2. Quando eles oraram...à meia noite
   a. Essa pode parecer ser nossa hora mais sombria
   b. Mas nunca é tão sombrio para orar
   c. Nosso Deus tem prazer em operar na dificuldade
3. A oração é sempre o fundamento do avivamento
   a. Moody: "Cada grande obra de Deus pode ser ligada a uma pessoa ajoelhada"
   b. Chamando igrejas para orar...você pode ser a chave
4. Como eles oraram: especificamente, confiadamente

B. DOIS CRISTÃOS COM ATITUDE CORRETA (v.25)

1. "...e cantavam louvores"

2. O orar não é estranho.. o louvar é o milagre
   a. Razões pelas quais eles pareciam estar abatidos
      (1) Eles obedeceram o apelo macedônico (v.9)
      (2) Eles estiveram ganhando almas (versos 14-15)
      (3) Eles tinham estado em oração (v.16)
      (4) Eles estiveram sensíveis à necessidade da mulher possessa pelo demônio, e a libertaram (v. 16-18)
   b. Mais tribulações viriam
3. Contudo eles louvavam a Deus!
   a. Eles se concentraram no poder de Deus em vez de seus problemas
   b. Eles creram que Deus poderia libertá-los
   c. Identificados com Jesus; as provisões, a escuridão, as correntes
4. O valor do louvor!!!

C. DOIS CRISTÃOS NO LOCAL CORRETO (V. 28).
1. O terremoto, liberdade, oportunidade para escapar
2. Os temores do carcereiro; a declaração surpreendente de Paulo
3. Cristãos no lugar certo
   a. Em relação à igreja, todos os serviços
   b. Em relação ao mundo, separação
   c. Em relação ao Senhor, permanecendo nele

D. DOIS CRISTÃOS COM A MENSAGEM CORRETA (v. 31)
1. A maior pergunta: "Que devo fazer para ser salvo?"
2. A única resposta: "Crê no Senhor Jesus Cristo..."

III. CONCLUSÃO

A. A CONVERSÃO DO CARCEREIRO
B. O IMPACTO DO AVIVAMENTO NA CADEIA
C. O QUE UM AVIVAMENTO GENUÍNO MUDARIA EM SUA VIA?

O AVIVAMENTO QUE PRECISAMOS

Série Sobre o Avivamento *Salmo 85: 6*

I. INTRODUÇÃO

A. NA LUZ DOS TEMPOS, NECESSITAMOS UM AVIVAMENTO

B. DEFINIÇÕES DE AVIVAMENTO

1. Walter Boldt: "Deus operando para restaurar a saúde da sua igreja"
2. Finney: "Retorno ao primeiro amor, resultando em conversão de pecadores"

C. QUE ESPÉCIE DE AVIVAMENTO NECESSITAMOS HOJE?

II. CORPO DO SERMÃO

A. AVIVAMENTO QUE RESSUSCITA AS IGREJAS

1. Avivamento significa um retorno da vida
   a. O retorno da vida é ressurreição
   b. O exemplo de Lázaro, morto há quatro dias
   c. Nova vida para uma igreja
2. Uma ressurreição espiritual que é semelhante à ressurreição física que acontecerá quando Jesus voltar
   a. Um avivamento que desperta os santos...a trombeta soante
   b. Um avivamento que mantém os santos ativos
   c. Um avivamento que traz nova visão
   d. Um avivamento que faz o mundo ficar sabendo
3. O que aconteceria se um avivamento viesse à sua igreja?
   a. O que você espera de uma tal igreja?
   b. Você deseja dar o primeiro passo para fazer isso acontecer?

B. AVIVAMENTO QUE REACENDE ANTIGOS FOGOS

1. Reaviva-nos novamente...devem ter sido reavivados anteriormente
2. A vida cristã é composta de vários começos
3. Você se lembra de dias melhores?
   a. Dias de dedicação
   b. Dias de grandes expectativas

c. Dias de completo compromisso
4. Palavra de Paulo aos Gálatas: "Corríeis bem" (Gal. 5:7)
5. Retorno ao seu Betel...sua maior hora
a. O dia em que vocês foram salvos
b. O dia de sua submissão a Cristo

C. REAVIVAMENTO QUE RECONSTRÓI COMUNHÃO
1. "...para que o seu povo..." (v. 6)
2. Nosso andar com Deus é individual...mas não isolado
3. Precisamos um do outro
a. "Benditos laços são os do fraterno amor que nesta santa comunhão nos unem ao Senhor" (Cantor Cristão, nº 379 – 1ª estr.)
b. Necessidade de compartilhar, de cuidar, de caminhar juntos novamente
4. Considere a comunhão da igreja do Novo Testamento (Atos 2:42)
5. A importância de olhar para além de nossas fronteiras

D. AVIVAMENTO QUE RESTAURA A ALEGRIA CRISTÃ
1. Tantos cristãos derrotados!
2. Tantos cristãos irritados!
3. Tantos cristãos desencorajados!
4. Tantos cristãos negam sua fé!
5. A alegria do Senhor é a vossa força (Neemias 8:10)
6. Possa Deus dar a você uma nova canção de alegria

III. CONCLUSÃO

A. O CHAMADO PARA AVIVAMENTO PESSOAL

B. A MAIOR PARTE DE NÓS PODE VIVER NUM PATAMAR MAIS ELEVADO

POR QUE OS CRISTÃOS NÃO EXPERIMENTAM O AVIVAMENTO

Série Sobre Avivamento *I Reis 18:36-46*

I. INTRODUÇÃO

A. IDÉIAS SOBRE AVIVAMENTO

1. "Deus operando para restaurar a saúde da igreja": Walter Boldt
2. "De modo algum perca o esplendor dele": Gypsy Smith
3. "Retorno ao primeiro amor": Charles Finney

B. ARIDEZ E O ESTADO DAS IGREJAS

1. A aridez de Israel
2. Temperatura seca e o quadro simbólico das igrejas
3. Água como um símbolo de avivamento...renovação
   a. "A ti estendo as minhas mãos; a minha alma, qual terra sedenta, tem sede de ti" (Salmo 143:6)
   b. "Como o cervo anseia pelas correntes das águas, assim minha alma anseia por ti, ó Deus" (Salmo 42:1)
   c. "Quem crê em mim, como diz a Escritura, do seu interior correrão rios de água viva" (João 7:38)

C. CHUVA REFRESCANTE E PORQUE NÃO MAIS ESTÁ CAINDO FREQUENTEMENTE, REGULARMENTE

II. CORPO DO SERMÃO

A. OS CRISTÃOS NÃO TÊM AVIVAMENTO PORQUE ELES NÃO ORAM POR ELE

1. Eles oram, mas freqüentemente sem sentimento
2. Eles oram, mas freqüentemente sem fé
3. Eles oram, mas freqüentemente suas orações são muito formais
4. Eles oram, para manter a igreja em andamento, mas poucos oram especificamente por avivamento
5. Uma fé cheia de orações fervorosas traz avivamento

B. OS CRISTÃOS NÃO TÊM AVIVAMENTO PORQUE ELES NÃO O ESPERAM

1. "Sobe agora e olha para a banda do mar" (v. 43)

2. Elias esperou abundante chuva (v. 41)
3. Enviou seu servo procurá-la
4. O que você está procurando dentro da igreja?
5. Seu servo retornou nada encontrando
6. "Volta lá sete vezes": A bênção da expectativa
7. Tenhamos a expectativa da bênção de Deus. Esperemos avivamento

C. OS CRISTÃOS NÃO TÊM AVIVAMENTO PORQUE ELES NÃO O RECONHECEM

1. "Uma nuvem do tamanho da mão de um homem" (v. 44)
2. Elias precisou apenas de um pequeno sinal para enxergar a bênção
3. Você está enxergando avivamento?
4. Você o reconhece?
5. Há evidência de Deus operando em seu coração?

III. CONCLUSÃO

A. EXPECTATIVAS DESPERTADAS
B. UMA NUVEM DO TAMANHO DA MÃO DE UM HOMEM
C. DENTIFIQUE SINAIS DE AVIVAMENTO
D. VENTILADOR AVIVADOR DENTRO DO FOGO

COMUNHÃO E AVIVAMENTO

Série Sobre Avivamento *I Cor. 11:23-24*

I. INTRODUÇÃO

A. QUÃO APROPRIADO...AVIVAMENTO E COMUNHÃO

1. Cada comunhão deve trazer avivamento
2. Chamando-nos ao nosso primeiro amor
3. Um tempo para uma nova dedicação

B. O QUE A MESA DO SENHOR NÃO É

1. Não é um meio de salvação
2. Não é somente a mesa desta igreja

C. O QUE É COMUNHÃO?

II. CORPO DO SERMÃO

A. COMUNHÃO É UM TEMPO PARA RETROSPECTIVA (versos 23-25)

1. Relembrando a cruz
2. A cruz é nossa mensagem (I Cor. 1:18)
   a. Outras mensagens são temporais
   b. Mas a mensagem da cruz permanece
3. Relembrada no tempo ela torna-se pessoal
4. O que a morte de Cristo significa para você?

B. COMUNHÃO É UM TEMPO PARA INTROSPECTIVA (versos 27-32)

1. O caso em Corinto
   a. Participando da comunhão levianamente
   b. Alguns estão doentes e alguns morreram
2. Um tempo para exame do coração
3. Como evitar castigo (v. 31)
4. Tempo para derrubar barreiras

C. COMUNHÃO É UM TEMPO PARA EXAMINAR AO REDOR

1. A comunhão é evangelística
2. A chamada dos pecadores para ver o evangelho nos símbolos da morte de Cristo
3. Após a cruz veio o comissionamento (Atos 1)
4. Cada comunhão deveria enviar-nos para alcançar os perdidos

D. COMUNHÃO É UM TEMPO PARA OLHAR PARA CIMA (v. 26)

1. "Até que volte"
2. Jesus está voltando
3. A grande reunião no céu

III. CONCLUSÃO

A. TEMPO DE SEMEADURA
B. COMUNHÃO NA FAMÍLIA DE DEUS
C. COMO ESSA COMUNHÃO TRANSFORMARÁ SUA VIDA?

ÁGUA VIVA

Série Sobre o Espírito Santo *João 7:37-39*

I. INTRODUÇÃO

A. A FESTA DE PENTECOSTES

1. O grande dia festivo, a Festa das Primícias
2. O mesmo dia no qual posteriormente o Espírito Santo seria dado
3. Aqui nesse texto Jesus faz uma proclamação acerca do Espírito Santo

B. REAÇÕES ACERCA DE JESUS NA FESTA

1. João 7: 15: "Como sabe estas letras, sem ter estudado?"
2. João 7: 31: "Quando Cristo vier, fará mais milagres do que este?"
3. João 7: 46: "Nunca homem algum falou como este homem"
4. João 7: 48: "Creu nele alguma das autoridades ou alguém dentre os fariseus?"

C. A GRANDE DECLARAÇÃO DE JESUS ACERCA DO ESPÍRITO SANTO

II. CORPO DO SERMÃO

A. O CONVITE ÀQUELES QUE DESEJAM O ESPÍRITO SANTO (v. 37)

1. "Se alguém tem sede"
2. Observe para quem o convite é feito
   a. Não para aqueles que oraram e jejuaram bastante
   b. Não para aqueles que têm orado direto...ou clamado em voz alta
   c. Não para aqueles que têm repetido frases ou bastante louvores
   d. Não para aqueles que recentemente participaram da mesa do Senhor
3. Mas para aqueles que têm sede
4. Que extraordinário expressar isso dessa maneira!
   a. Alguns aqui podem não saber como obter bastante religião
   b. Alguns podem não saber como corrigir-se o suficiente

c. Alguns podem não entender o suficiente de teologia
5. Mas todos sabem como é sentir sede
a. Você tem sede de saber que a culpa se foi?
b. Você tem sede em saber que a dívida foi cancelada?
c. Você tem sede de comunhão com Deus?

B. A INSTRUÇÃO PARA RECEBER O ESPÍRITO SANTO
1. "Venha a mim e beba"
2. Para receber essa água refrescante, venha a Jesus e beba
3. Considere o chamado feito por Isaías (55:1)
4. Considere o último convite na Bíblia (Apoc. 22:17).
5. O que significa: "Venha a mim e beba?"
a. Vir a Ele é crer nele
b. Vir a Ele é confiar nele
c. Vir a Ele é recebê-lo
6. Note que a exigência para receber o Espírito Santo é a mesma para receber Cristo
7. Ao receber Cristo, o Espírito Santo entra no crente

C. A FONTE INTERIOR QUE FLUI DE DENTRO DAQUELES QUE RECEBEM CRISTO
1. "Do seu interior correrão rios de água viva"
2. Não seremos cisternas, mas rios:
a. Não semelhante ao Mar Morto...mas a um grande rio
b. Não semelhante a um pântano...mas a água corrente
3. O que fluirá nesses rios?
a. O fruto do Espírito fluirá nesses rios
b. A compaixão de Cristo fluirá nesses rios
c. Poder para testemunhar fluirá nesses rios
d. Fé fluirá nesses rios

III. CONCLUSÃO

A. VOCÊ SENTE SEDE?
B. ENTÃO VENHA A CRISTO E BEBA!

O ESPÍRITO SANTO: QUEM É E O QUE ELE FAZ

Série Sobre o Espírito Santo — *João 14:16, 17, 26; 16:7-15*

I. INTRODUÇÃO

A. QUEM É O ESPÍRITO SANTO?
1. Ele é Deus
   a. Tal qual o Pai, é Deus
   b. Tal qual o Filho, é Deus
2. A terceira pessoa da Trindade

B. O ESPÍRITO SANTO É UMA PESSOA
1. O erro de pensar dele impessoalmente
   a. Alguns falsamente ensinam ser Ele apenas uma força
   b. O Espírito Santo tem intelecto (Rom. 8:27)
   c. O Espírito Santo tem emoção (Ef. 4:30)
   d. O Espírito Santo tem uma vontade (I Cor. 12:11)
2. Essas são características de personalidade

C. MAS O QUE FAZ O ESPÍRITO SANTO?

II. CORPO DO SERMÃO

A. O ESPÍRITO SANTO CONFORTA
1. Ele é chamado o Consolador (João 14:16, 26; 16:7).
   a. Quão interessante é que esse é o primeiro título usado por Jesus
   b. Quão freqüentemente precisamos de conforto!
2. Precisamos de conforto quando a separação se aproxima
   a. Jesus estava prestes a se separar de seus discípulos
   b. A cruz e sua agonia estavam à frente
3. Precisamos de conforto quando lágrimas estão próximas (Getsêmane)
4. Precisamos de conforto quando nos sentimos sozinhos
5. Precisamos de conforto quando outros viram-se contra nós
6. Precisamos de conforto quando a morte afeta aqueles que estão próximos de nós

B. O ESPÍRITO SANTO ORIENTA
1. "Ele vos ensinará todas as coisas" (João 14:26)

2. Necessitamos de um conselheiro quando estamos perplexos
    a. Muitas coisas neste mundo atribulado nos deixam perplexos
    b. Talvez hoje vocês estejam atribulados e perplexos
3. Jesus tem sido um conselheiro para seus discípulos
4. Agora, Ele enviará o Espírito Santo para orientá-los
5. O Espírito Santo é um professor
    a. Ensina-nos individualmente
    b. Ensina-nos continuamente
6. O que Ele ensina?
    a. Tudo a respeito da Bíblia (II Pedro 1:20-21)
    b. Tudo a respeito da vida (João 14:26)
    c. Tudo a respeito de Jesus (João 14: 26; 16:13-15)

C. O ESPÍRITO SANTO CONVENCE

1. "Ele convencerá" (João 16: 8-11)
2. Ele convence do pecado
    a. Pessoas têm consciências
    b. O Espírito Santo desperta a consciência acerca do pecado
    c. Você se sente culpado? Essa é a primeira obra do Espírito
        (1) A convicção vem antes da conversão
        (2) A correção vem antes do conforto
3. Ele convence da falta de justiça
    a. Temos falhado em praticar a retidão
    b. Cristo demonstrou uma vida perfeita
    c. Nós falhamos bastante em relação a esse perfeito padrão
    d. Somos todos pecadores (Rom. 3:23)
4. Ele convence do julgamento
    a. Após a morte vem o julgamento (Hebr. 9:27)
    b. Preparo para encontrar-se com Deus (Amós 4:12)
5. O propósito da convicção é levar-nos a Cristo

III. CONCLUSÃO

A. O QUE O ESPÍRITO SANTO ESTÁ DIZENDO HOJE PARA VOCÊ?

B. RESPONDA À CONVICÇÃO DELE

C. RECEBA SEU CONSOLO E CONSELHO

RECUPERANDO O SIGNIFICADO BÍBLICO DO PENTECOSTES

Série Sobre o Espírito Santo *Atos 2: 41-42*

I. INTRODUÇÃO

A. QUALQUER ESTUDO SOBRE O ESPÍRITO SANTO TERÁ DE INCLUIR PENTECOSTES
1. O dia da vinda do Espírito Santo
2. O nascimento da igreja
   a. A verdadeira igreja do Senhor Jesus
   b. A igreja que Cristo está edificando

B. O QUE FOI O PENTECOSTES?
1. Não foi o começo de uma denominação
2. Foi assim chamado porque era o quinquagésimo dia após a Páscoa
3. O mundo não sabia o que estava acontecendo naquela época
   a. Cristo ressuscitou e havia aparecido aos discípulos dele
   b. Os discípulos tinham sido comissionados e testemunharam a ascensão
   c. Os dez dias de espera e oração

C. A OBRA DO ESPÍRITO SANTO NO DIA DE PENTECOSTES

II. CORPO DO SERMÃO

A. A OBRA DO ESPÍRITO SANTO NA CONVERSÃO (v. 41)
1. "Aqueles que alegremente receberam a palavra"
2. Quem recebeu sua palavra alegremente?
   a. Os três mil que vieram para a festa
   b. Os três mil que tinham sido da multidão que rejeitou Cristo
   c. Ninguém está tão distante a quem o Espírito Santo não possa alcançar
3. Que palavra foi essa que tão alegremente eles receberam?
   a. Foi uma mensagem de convicção (v. 22)
   b. Foi uma mensagem da cruz (v. 23)
   c. Foi uma mensagem da ressurreição (v. 24)

4. Toda conversão genuína é obra do Espírito Santo
    a. O caso de Nicodemos (João 3:1-8)
    b. O testemunho de Paulo a Tito (Tito 3:5)

B. A OBRA DO ESPÍRITO SANTO NO TESTEMUNHO PÚBLICO (v. 41)

1. "Foram batizados"
2. A salvação acontece no coração, mas nós confessamos a Cristo publicamente
3. O batismo é um testemunho público...identificação com Cristo
    a. O Espírito Santo e o batismo...a pomba
    b. O Espírito Santo estimulando você para esse ato de obediência
4. Considere o ambiente hostil naquela época
5. Tanta confusão acerca do assunto
6. O melhor é interpretar a Bíblia literalmente
7. Ficamos em boa companhia quando escolhemos o batismo
    a. Jesus o escolheu
    b. Paulo o escolheu
    c. Os convertidos no Pentecostes o escolheram
8. O Espírito Santo dá expressão pública do evangelho através de nós

C. A OBRA DO ESPÍRITO SANTO NO CRESCIMENTO CRISTÃO (v. 42)

1. "Eles perseveravam"
2. Eles não estavam contentes em apenas escapar do inferno...nem nós devemos
3. A promessa do Espírito Santo para ensinar (João 14:16-18, 26)
4. Na comunhão: a união entre os crentes
5. No partir do pão...comunhão
6. Nas orações: a participação do Espírito Santo na oração
7. Ele nos guia para um patamar mais elevado

III. CONCLUSÃO

A. A OBRA DO ESPÍRITO SANTO NO SEU CORAÇÃO

B. COMO VOCÊ RESPONDERÁ AO MINISTÉRIO DELE?

NOVEMBRO

O ESPÍRITO SANTO E A CONVERSÃO

Série Sobre o Espírito Santo *Tito 3:5; I Cor. 6:19-20; Ef. 4:30; I Cor. 12:13*

I. INTRODUÇÃO
   A. A OBRA DO ESPÍRITO SANTO NO MUNDO (João 16: 8-14)
      1. Convencendo de pecado, justiça e julgamento
      2. Ensinando pessoas acerca de Cristo e o glorificando
      3. Levando pessoas à conversão
   B. O QUE O ESPÍRITO SANTO FAZ NO MOMENTO DA FÉ SALVADORA

II. CORPO DO SERMÃO
   A. O ESPÍRITO SANTO TRAZ VIDA NOVA AO CRENTE (Tito 3:5)
      1. Todos estão mortos espiritualmente por causa do pecado (Ef. 2: 1-9)
      2. Nicodemos e Jesus (João 3)
         a. Nicodemos era religioso, mas perdido
         b. Ele precisava de um nascimento espiritual
         c. À parte do novo nascimento, ele não seria salvo
      3. Regeneração significa novo nascimento:
         a. Muitos têm desejado ser capazes de começar a vida novamente
         b. Aos olhos de Deus, você pode fazer apenas isso
   B. O ESPÍRITO SANTO FAZ SUA COMPLETA RESIDÊNCIA NO CRENTE (I Cor. 6:19-20)
      1. Dr. Kenneth Wuest: "O Espírito Santo faz sua completa residência em nós permanentemente"
      2. Jesus prometeu isso aos seus discípulos (João 14:16-23)
      3. Quando o Espírito Santo entra, há evidência desse ocupante na vida do crente
         a. A Bíblia torna-se um novo livro
         b. O fruto do Espírito começa evidenciar-se na vida
         c. O poder para vencer o pecado torna-se uma experiência diária
         d. Um novo desejo por um viver santo torna-se parte da vida

C. O ESPÍRITO SANTO SELA O CRENTE (Ef. 4:30)
1. Note o emocionante progresso: regeneração, residência, selagem
2. Selagem refere-se a propriedade
a. O certificado de propriedade do seu carro
b. Sua certidão de casamento
3. A presença do Espírito Santo dentro do crente é semelhante a uma garantia (Efésios 1:13-14)
4. Para garantir essa selagem, tem o testemunho do Espírito (Rom. 8:14-16)
5. A selagem do Espírito garante que o que Deus começou, Ele continuará até completar (Ef. 4:30)

D. O ESPÍRITO SANTO BATIZA O CRENTE (I Cor. 12:13)
1. É importante observar que isso acontece na conversão
2. São seguintes os fatos que devem ser notados acerca do batismo do Espírito
a. Todas as referências ao batismo do Espírito antes do Pentecostes são proféticas
b. Todas as referências ao batismo do Espírito após o Pentecostes referem-se a ele como algo que aconteceu na vida do crente, no momento da conversão
c. Nenhuma escritura ensina-nos a buscar o batismo do Espírito
3. O batismo do Espírito Santo coloca o crente dentro do corpo de Cristo
a. Um novo vínculo de comunhão
b. Agora parte da família de Deus

III. CONCLUSÃO

A. NOVA VIDA, RESIDÊNCIA, SELADOS, BATIZADOS: TUDO NA CONVERSÃO
B. EM VISTA DESSES BENEFÍCIOS EM CRISTO, ANDEMOS NO ESPÍRITO
C. SOMOS EQUIPADOS PARA VENCER

SEU CORPO É O TEMPLO DO ESPÍRITO SANTO

Série Sobre o Espírito Santo *I Cor. 6:19-20*

I. INTRODUÇÃO

A. ESTE É UM MUNDO PREOCUPADO COM O A ESTÉTICA DO CORPO
   1. Muitos produtos para higiene, para maquiagem, para arrumar
   2. Grande preocupação pela modelagem do corpo
      a. Abundância de dietas
      b. Academias para exercícios, etc...

B. O CRISTÃO TEM OUTRA DIMENSÃO PARA TAL ATITUDE
   1. No dia em que você se tornou um cristão, algo aconteceu ao seu corpo
   2. Este é o tema desta mensagem

II. CORPO DO SERMÃO

A. SEU CORPO É TEMPLO DO ESPÍRITO SANTO
   1. "Ou não sabeis que vosso corpo é o santuário do Espírito Santo?"
   2. Isso nos lembra o templo do Antigo Testamento
      a. Que grande atenção foi dada ao seu projeto
      b. Que grande riqueza foi colocada na sua construção
      c. O povo deveria saber que Deus morava ali
   3. Observe o dia da dedicação do templo de Salomão (II Crôn. 7:1-3 e 12-15)
   4. Entretanto, na era da graça não há tal lugar
      a. Esse edifício não é templo de Deus
      b. Esse edifício não é nem mesmo uma igreja, apenas o lugar onde a igreja se reúne
   5. Seu corpo é o templo de Deus
      a. Tome cuidado onde ele vai
      b. Tome cuidado com o que ele faz
      c. Tome cuidado sobre o que ele medita
      d. Tome cuidado como ele reage

B. O ESPÍRITO SANTO MORA DENTRO DO SEU TEMPLO
   1. "Quem habita em nós"

2. Como pode isso ser?
   a. Algo semelhante à criação do homem
   b. Uma outra prova do mistério de Deus
3. Observe quão claramente a Bíblia expões essa verdade
   a. Jesus fez a promessa (João 14: 15-26)
   b. O livro de Atos a descreve (Atos 2:1-4; 4: 31)
   c. As epístolas a expõem (Rom. 8:5-17; Gal. 3:1-5; Ef. 5:18-25)
4. O resultado: o Espírito está com você onde quer que você vá
   a. Seu poder está disponível quando você precisar dele
   b. Cada palavra e ações nossas estão na perspectiva dele
   c. Ele fica entristecido com nossas inconsistências

C. O PROPÓSITO DO ESPÍRITO SANTO É GLORIFICAR DEUS NO TEMPLO DELE
1. O propósito da criação do homem
2. Estevão glorificou a Deus dando sua vida
3. Paulo glorificou a Deus nos açoites e apedrejamentos
4. João, na Ilha de Patmos, sofreu pelo seu Senhor
5. Deus pode receber glória através de seu corpo e espírito

III. CONCLUSÃO

A. SUBMETA SEU CORPO AO SENHOR

B. GLORIFIQUE A DEUS NA VIDA DIÁRIA

O ESPÍRITO SANTO E A VIDA CRISTÃ

Série Sobre o Espírito Santo *Gal 3:1-6; 5:17-23*

I. INTRODUÇÃO

A. ALGUMAS COISAS APRENDIDAS ACERCA DO ESPÍRITO SANTO

1. Que o Espírito Santo é uma pessoa tem intelecto, emoções e uma vontade
2. Que o Espírito Santo é a terceira pessoa da Trindade

B. O ESPÍRITO SANTO E A CONVERSÃO

1. Regenera o crente... traz vida nova (Tito 3:5)
2. Habita plenamente o crente (1Cor 6:19-20)
3. Sela o crente (Ef 4:30)
4. Batiza o crente no corpo de Cristo (1Cor:12:13)

C. COMO EU POSSO SABER SE O ESPÍRITO SANTO ESTÁ OU NÃO EM MIM?

II. CORPO DO SERMÃO

A. A PRESENÇA DO ESPÍRITO SANTO PRODUZ FÉ (Gal. 3:1-9)

1. A vida cristã começa com fé
   a. Paulo esteve na Galácia e muitos creram
   b. Lá tem havido evidência de uma nova vida deles
2. O Espírito Santo atrairá você para a fé em Cristo
3. Esses convertidos, porém, concluíram que era necessário guardar a lei
   a. Aqui está um erro de muitas seitas
   b. A lei foi cumprida em Cristo
4. O Espírito Santo vem em resposta à fé, e Ele amadurece nossa fé
   a. Ele aumenta nossa fé através da Palavra escrita
      (1) Ele estava operando na revelação (2 Pedro 1:21)
      (2) Ele estava operando na inspiração (2Timóteo 3:16)
      (3) Ele está operando na iluminação (João 14:26)
   b. Ele aumenta nossa fé, revelando Cristo, a Palavra viva
      (1) Essa é a promessa de nosso Senhor (João 16:13-14)
      (2) Quanto mais conhecemos a Jesus, mais forte se tor-

na a nossa fé

B. A PRESENÇA DO ESPÍRITO SANTO PRODUZ UMA LUTA (Gal 5:17)
1. Paz no momento da conversão
   a. A vida espiritual acaba de chegar
   b. A comunhão com Deus torna-se uma realidade
2. Logo, porém, aprendemos que estamos numa guerra (1Tim 6:12; 2Tim 4:7)
   a. Guerra contra o diabo (Ef 6:11-12)
   b. Guerra contra a carne (1Cor 9:27)
3. Qual é o ponto de conflito?
   a. O Espírito Santo contra a natureza pecaminosa: (Gál 5:17-21)
   b. Considere a luta de Paulo (Rom 7:15-25)
4. Como permaneceremos vitoriosos nessa batalha?
   a. Alimentando a nova natureza com a Palavra de Deus
   b. Submetendo-nos ao Espírito Santo

C. A PRESENÇA DO ESPÍRITO SANTO PRODUZ FRUTO (Gal 5:22-23)
1. Como saber quem está vencendo a batalha?
2. Aqui estão as coisas que o Espírito Santo quer produzir em você
3. Observe as divisões naturais dessa lista
   a. Primeira, em relação a Deus... amor, alegria, paz
   b. Segunda, em relação ao próximo... longanimidade, benignidade, bondade
   c. Terceira, em relação a nós mesmos... fé, mansidão, domínio próprio
4. Que bonito agrupamento de graças!

III. CONCLUSÃO

A. O QUE O ESPÍRITO SANTO ESTÁ PRODUZINDO EM VOCÊ?

B. SUBMETENDO-NOS A ELE, NÓS NOS TORNAMOS FRUTÍFEROS

O ESPÍRITO SANTO NA IGREJA

Série Sobre o Espírito Santo *Atos 4:31*

I. INTRODUÇÃO

A. PENSAMENTOS TRISTES ACERCA DE JESUS E DO ESPÍRITO SANTO

1. Jesus estava no mundo, e o mundo foi feito por Ele, e o mundo não o conheceu
2. O Espírito Santo estava na igreja, e a igreja foi feita por Ele, e a igreja não o conheceu

B. QUE ME DIZ ACERCA DO ESPÍRITO SANTO E A IGREJA?

1. E se, individualmente, cada um dos membros fosse cheio do Espírito Santo?
2. O que o Espírito Santo quer fazer por nós e em nós?

C. EXEMPLOS DA IGREJA PRIMITIVA

II. CORPO DO SERMÃO

A. NA IGREJA, O ESPÍRITO SANTO FORMA TESTEMUNHAS A PARTIR DE COVARDES (Atos 1:8)

1. A morte e ressureição de Cristo
2. O dia da Ascenção e suas implicações
   a. Será o reino restaurado hoje?
   b. Iniciaremos cumprindo hoje a Grande Comissão?
3. Testemunhas após o Espírito Santo chegar
   a. Esse testemunho era dado no poder divino
   b. Antes da vinda do Espírito, uma palavra de Deus era aguardada, depois era dado o testemunho. Agora, o testemunho é dado imediatamente no poder do Espírito Santo
4. Considere a fraqueza dos discípulos
   a. Pedro e sua negação do Senhor
   b. Filipe e sua frágil fé
   c. Tomé e sua incapacidade de crer na ressurreição
5. Após o Pentecostes, o frágil grupo transformou o mundo da época (Atos 17:6)

B. NA IGREJA, O ESPÍRITO SANTO TRAZ COMUNHÃO EM VEZ DE DIVISÕES (Atos 4:32)

1. As possibilidades de divisões entre os discípulos

a. As negações de Pedro
b. Tomé e sua falta de fé
c. Todos eles abandonaram o Senhor e fugiram durante a crucificação
2. Agora eles eram de um só coração e uma só alma
3. A união deles é mais importante do que suas posses
4. Algumas igrejas, onde o Espírito Santo é mencionado, estão divididas
5. Sempre tem sido obra do Espírito Santo trazer união entre os membros da igreja local, de modo que a obra de expansão fique desimpedida

C. NA IGREJA, O ESPÍRITO SANTO PRODUZ CRESCIMENTO SEM TRUQUES (Atos 4:33)
1. Cada ocasião de operação do poder do Espírito Santo na igreja trouxe crescimento
a. Atos 2:41 : 3.000 convertidos
b. Atos 4:4 : 5.000 convertidos
c. Atos 5:14 : multidões de convertidos
d. Atos 6:7 : multiplicação de discípulos
2. Há maneiras de aumentar números com dons e com truques
a. Usados frequentemente nas igrejas
b. Usados freqüentemente para render dinheiro para os ministros de mídia
3. O uso de truques mostra a falta de poder
4. Vocês não estão cansados de truques?
5. Vamos depender do Espírito Santo

III. CONCLUSÃO
A. QUEREMOS SER UMA IGREJA CHEIA DO ESPÍRITO?
B. QUER VOCÊ FAZER SUA PARTE?

SER CHEIO DO ESPÍRITO SANTO

Série Sobre o Espírito Santo *Ef 5:18*

I. INTRODUÇÃO

A. O QUE É O ENCHIMENTO DO ESPÍRITO SANTO?

1. Ser cheio do Espírito Santo é ser controlado pelo Espírito
2. O Espírito Santo entra no crente no momento do novo nascimento
3 Quando alguém está cheio, dá ao Espírito Santo controle completo

B O QUE ACONTECE QUANDO ALGUÉM ESTÁ CHEIO DO ESPÍRITO?

1. A vida da família e da igreja são afetadas (Ef 5)
2. O fruto do Espírito fica evidente nele ou nela (Gál 5:21-22)
3. Ele ou ela torna-se ousado no testemunho (Atos 4:31-33)
4. Grande generosidade em relação aos necessitados (Atos 4:32)

C. COMO SER CHEIO DO ESPÍRITO SANTO?

II. CORPO DO SERMÃO

A. NÃO ENTRISTEÇAIS O ESPÍRITO (Ef 4:30)

1. Vocês devem parar de entristecer o Espírito Santo
2. Deus pode ser entristecido
   a. Moisés escreveu que Deus ficou triste antes do dilúvio (Gen 6:6)
   b. Davi escreveu que Deus ficou triste com os israelitas murmuradores (Salmo 95:10)
   c. Isaías profetizou que Jesus estava familiarizado com o desgosto (Is 53:3)
   d. Jesus chorou sobre a obstinada Jerusalém (Lucas 19:41), e junto de um túmulo (João 11:35)
3. O conselho errado: "Não vá a lugar algum no qual você não possa levar o Senhor junto"
   a. Os cristãos não podem deixar seu Senhor para trás
   b. Mas eles podem entristecê-lo...magoar o coração dele
4. O que é que entristece o coração de Deus? (Ef 4:31)

a. Você não pode ser cheio de amargura e ser cheio do Espírito
b. Você não pode ser cheio de ódio e ser cheio do Espírito
c. Você não pode ser cheio de malícia e ser cheio do Espírito
d. Você não pode ser cheio de raiva e ser cheio do Espírito
5. Confesse esses pecados e abandone-os...

B. NÃO EXTINGAIS O ESPÍRITO (1Tess 5:19)
1. Você deve parar de extinguir o Espírito
2. Extinguir o Espírito é abafar ou suprimir a obra dele em você
3. Extinguir o Espírito é deter a obra dele no seu coração
4. Extinguir o Espírito é resistí-lo
5. Extinguir o Espírito é exaltar sua vontade acima da vontade de Deus
6. Extinguir o Espírito é destoar dele
a. Sintonizando o canal preocupação
b. Sintonizando o canal medo
c. Sintonizando o canal divertimento
d. Sintonizando o canal cobiça
7. Quando você pára de extinguir o Espírito, coisas maravilhosas acontecem
a. Portas serão abertas
b. Você terá paz de espírito
c. Então você experimentará a obra do CONSOLADOR

C. ANDAR EM ESPÍRITO (Gál 5:16)
1. Vocês devem começar andando no Espírito
2. Andar refere-se à fé
a. Os paralíticos levantaram-se e andaram
b. Pedro andou sobre a água
3. Andar em Espírito é receber pela fé que Deus concedeu seu enchimento e proceder em conformidade

III. CONCLUSÃO

A. ALGUMAS COISAS PARA CONFESSAR: ENTRISTECER, EXTINGUIR
B. UMA COISA PARA RECEBER POR FÉ: O ENCHIMENTO DELE
C. MUITO PESSOAL: ALGO PARA RESOLVER SOZINHO

O ESPÍRITO SANTO SANTIFICA AS PESSOAS

Série Sobre o Espírito Santo *Ef 5:18-6:9*

I. INTRODUÇÃO

A. COMO SER CHEIO COM O ESPÍRITO SANTO

1. Parar de entristecer o Espírito Santo
2. Parar de extinguir o Espírito Santo
3. Começar a andar no Espírito

B. MAS QUE DIZER ACERCA DAS MUDANÇAS QUE ISSO FAZ NA VIDA DIÁRIA?

1. Como podemos reconhecer uma pessoa cheia do Espírito Santo?
2. Quais áreas da vida são afetadas pelo andar no Espírito?

II. CORPO DO SERMÃO

A. A PESSOA CHEIA DO ESPÍRITO E SEU CULTO (Versos 19-21)

1. Voltando para a comparação: "Não vos embriagueis com vinho" (v. 18)
   a. O homem que está embriagado não está sob seu próprio controle
   b. Ele cambaleia, ele altera sua fala, ele bate seu carro
2. Prefiram isto: "Estar debaixo do controle do Espírito Santo"
3. Isso transforma a vida toda numa experiência de culto
   a. Culto no coração
   b. Crie uma atitude de louvor
4. Mas isso não significa que o culto cheio do Espírito está fora de controle
5. H. C. G. Moule: "Nós podemos estar bem certos que o controle significa nada que irá "confundir" a vida cristã, e partir do santo mais nobre e da ordem mais tradicional"
6. O culto é livre, mas não é fanático ou carnal
7. O desejo de que Deus esteja no controle é evidente
8. Ações de graça e louvor são dominantes

B. A PESSOA CHEIA DO ESPÍRITO SANTO E SEU CÔNJUGE (versos 22-23)

1. A vida cheia do Espírito Santo é mais evidente no lar

2. Moule: "O aperfeiçoamento do lar é a obra-prima do evangelho"
3. Esposas submetem-se a seus esposos como ao Senhor
    a. A esposa submissa a seu marido não é um robô
    b. Nem deve ela desfazer-se de todas suas habilidades naturais
    c. Sua maior alegria, entretanto, está em ministrar a seu marido
    d. A felicidade dele é o prazer e alvo dela
4. Maridos, amem suas esposas do mesmo modo como Cristo amou a igreja
    a. Um amor sacrificial... um amor continuado
    b. Um amor reiterado... novamente e novamente
    c. A maior alegria dele está em ministrar à sua esposa
    d. A felicidade dela é o prazer e alvo dele
5. Dois princípios poderosos que podem revolucionar seu lar. Quais são eles?
6. Eles afetam a família inteira (6:1-4)

C. A PESSOA CHEIA DO ESPÍRITO E SEU TRABALHO (6:5-9)

1. O trabalhador cheio do Espírito faz seu trabalho com toda a diligência
    a. Ele vence a preguiça e o enfado
    b. Ele faz seu trabalho como ao Senhor, não aos homens
2. O patrão cheio do Espírito trata os empregados como gostaria de ser tratado
    a. Suportando ameaças
    b. Tratando-os como vocês querem que o Senhor trate vocês
3. Que Cristo seja exaltado no local de trabalho por patrões e empregados

III. CONCLUSÃO

A. UMA VIDA CHEIA DO ESPÍRITO É TODA INCLUSIVA

B. NO VIVER DIÁRIO, ISSO REQUER SUBMISSÃO COMPLETA

AÇÃO DE GRAÇAS COM PAULO

II Cor 9:15; Rom 1:8-11; I Tess 5:18

I. INTRODUÇÃO

A. ALGUMAS GRANDES PORÇÕES DE AÇÃO DE GRAÇAS NA BÍBLIA
   1. Êxodo 15: Cântico de louvor e gratidão
   2. Salmo 100: Cântico davídico de ação de graças

B. TEMOS MUITO PELO QUE AGRADECER A DEUS

C. AGRADECENDO COM PAULO

II. CORPO DO SERMÃO

A. PAULO AGRADECIDO POR CRISTO (2Cor 9:15; 1Cor 15:57)
   1. As duas grandes coisas acerca da salvação em Cristo para Paulo O túmulo vazio e o dom eterno
   2. O túmulo vazio
      a. O ódio de Paulo a Cristo, antes da cruz
      b. Finalmente, os amigos de Paulo tinham crucificado Jesus para acabar com tudo
      c. Então, inesperadamente, Ele ali estava novamente: a ressurreição!
      d. Paulo guarda as vestes daqueles que apedrejam Estêvão
      e. Paulo consentiu na morte de muitos
      f. O encontro com Cristo na estrada de Damasco: "Eu sou Jesus" (Atos 9:1-9)
      g. Então ele se convenceu que Cristo estava vivo
   3. O dom eterno (2Cor 9:15)
      a. Paulo agiu com rigidez, antes, tinha sido tão religioso
      b. Descobriu que a salvação era um dom para receber: (Ef. 2:8-9)
   4. Você está grato hoje pelo seu Salvador vivo?
   5. Você está grato pela salvação?

B. PAULO AGRADECIDO PELOS CRISTÃOS (Filip 1:3; Rom 1:8-11)
   1. "Todas as vezes que me lembro de vocês" (Fil 1:3)
   2. Paulo tinha um grande amor pelos santos (Rom 1:8)
   3. Jesus: "Se tiverdes amor uns aos outros" (João 13:35)

a. O amor anseia por comunhão
b. O que traz você de volta à igreja?
c. Devemos anelar ver os santos
4. Alguns cristãos não vivem plenamente o seu potencial
a. Algumas vezes eles não conversam como cristãos
b. Algumas vezes eles não andam como cristãos
5. Contudo, deve haver ardente lealdade entre os cristãos
6. Pode você agradecer pelos que estão sentados ao seu redor?
7. Está você agradecido por todos os crentes?

C. PAULO AGRADECIDO CONSTANTEMENTE (1Tess 5:18)
1. "Em tudo dai graças"
a. Apedrejado, náufrago, preso: "Muito obrigado, Senhor"
b. Pouca visão, não elegante, baixo: "Muito obrigado, Senhor"
c. Ofertas insuficientes das igrejas: "Muito obrigado, Senhor"
2. O segredo da ação de graças pelos tessalonicenses
a. O tema da carta é o retorno de Cristo
b. Cada dia, o Senhor é esperado

III. CONCLUSÃO

A. VOCÊ É AGRADECIDO TANTO QUANTO PAULO?
B. SE NÃO, POR QUE NÃO?
C. VAMOS SER AGRADECIDOS CADA DIA E ASSIM HONRAR NOSSO SENHOR

COM CRISTO EM AÇÃO DE GRAÇAS

João 6

I. INTRODUÇÃO

A. OS PLANOS PARA A AÇÃO DE GRAÇAS MUITO BEM COMPLETADOS

1. Jantar de ação de graças com a família
2. Provavelmente um dia de alimentação e futebol

B. SE JESUS VIESSE A SUA CASA

1. Se você é um cristão, Cristo virá a sua casa
2. Pelo que Jesus iria dar graças?

II. CORPO DO SERMÃO

A. CRISTO AGRADECIDO PELA SIMPLICIDADE DO EVANGELHO (Mateus 11:25)

1. A cena: ministério de Cristo (versos 5, 6, 20-24)
   a. Cristo e sua missão aos pobres e necessitados
   b. Rejeição pelas cidades orgulhosas e pelos fariseus
2. O grande equívoco (1Cor 1:17-18; Rom 1:20-24)
3. O caminho para a bênção é o caminho da humildade
   a. "Humilhai-vos, pois, debaixo da potente mão de Deus" (1Pedro 5:6)
   b. "Quem se humilhar será exaltado" (Lucas 14:11)
4. Enquanto Cristo examinava a multidão, Ele estava agradecido porque educação, riquezas e fama não podem obter o céu
5. Vocês devem vir a Cristo como uma criancinha

B. CRISTO AGRADECIDO PELA SUFICIÊNCIA DO PAI (João 6:11)

1. O cenário e a cena: Alimentação dos cinco mil
2. A necessidade e os recursos à mão
   a. Quanto você gostaria de ter para que a multidão se inclinasse para uma ação de graças?
   b. O dilema de Filipe: não suficiente diante dessa necessidade
   c. Jesus provando Filipe... Filipe seria um homem melhor

d. O consolo... Ele sabia o que iria fazer
3. Cristo agradeceu pela provisão
a. Ele fez o universo, contudo estava agradecido pelos pães e peixes
b. Fez nascer a primeira haste de trigo, entretanto estava grato pelo pão
c. Criou os primeiros peixes existentes, porém, ficou agradecido por aqueles doados a Ele
4. Quão pouco manifestamos nossa gratidão!
5. Quanto nós reconhecemos!

C. CRISTO AGRADECIDO PELA SALVAÇÃO MEDIANTE A CRUZ: (1Cor 11:23-24)
1. Cristo com os discípulos no Cenáculo no tempo da Páscoa
2. Gratidão pelo alimento
3. Mas isso não é apenas gratidão pelo alimento
a. "Este é o meu corpo, que é partido por vocês"
b. "Esse é o Novo Testamento no meu sangue"
4. Que admirável amor! Agradecido mesmo pela cruz
5. Agradecido porque os homens podem ser salvos, mesmo que isso inclua a cruz

III. CONCLUSÃO

A. COMO SUA AÇÃO DE GRAÇAS SERÁ MEDIDA?
B. O QUE VOCÊ VAI FAZER ACERCA DISSO?

DEZEMBRO

DIA DE ALÍVIO DO FARDO

Série Sobre o Nascimento de Cristo *Lucas 1:5-17*

I. INTRODUÇÃO

A. O PLANO PROFÉTICO DE DEUS SEMPRE ESTÁ NA AGENDA

1. Alguns períodos parecem testemunhar um lugar mais distante de cumprimento
2. Exemplos de tempos lentos semelhantes
   a. Israel em cativeiro 400 anos
   b. Os 400 anos de silêncio
3. Exemplos de cumprimento rápido
   a. O êxodo do Egito
   b. O tempo de nascimento de Cristo
   c. Este tempo presente

B. A CORTINA SE ABRE

1. Preparação para o nascimento de Cristo
2. Essa preparação começa pelo anúncio de outro nascimento: o de João

C. ZACARIAS E ISABEL

1. Zacarias era um sacerdote
2. Isabel era da linhagem de Arão

II. CORPO DO SERMÃO

A. O FARDO EM SUAS VIDAS (v. 7)

1. Eles não tinham filhos
   a. Isabel era estéril
   b. Ambos eram agora, adiantados em idade
2. Somente a poucos versos depois de encontrá-los, ficamos conscientes disso
   a. Isso deve ter estado predominante nos pensamentos deles
   b. Outros sabiam desse problema deles
   c. Se não os tivessem conhecido por muito tempo, não teriam conhecimento do problema deles
3. Gente boa...mas
4. Talvez o seu fardo esteja encobrindo todas as suas bênçãos
   a. Você deve vir a Cristo com seu fardo hoje

b. Qual é o seu fardo?
(1) Um relacionamento incorreto com outros?
(2) Problemas de saúde? Dificuldades com dinheiro? Dificuldades no lar?
(3) Há algum pecado habitual?

B. O DIA DE ALÍVIO DO FARDO CHEGOU (versos 8-11)
1. Hoje a resposta às orações deles viria
2. Hoje o desejo de cada uma delas seria satisfeito, o lugar vazio preenchido
3. Algumas coisas para anotar acerca desse dia
a. Foi um dia comum precedido por um dia anterior também comum
b. Eles estavam no exercício de suas funções usuais
c. Zacarias foi ao templo como de costume
d. Era um dia de oração
4. Dias de alívio do fardo, na Bíblia
a. O cego Bartimeu, fora de Jericó (Marcos 10:46-52)
b. O desonesto Zaqueu, em cima, na árvore (Lucas 19:1-10)
c. A mulher samaritana, junto ao poço (João 4:1-42)

C. QUANDO O FARDO DELES FOI ALIVIADO, AS BÊNÇÃOS FORAM BEM MAIORES DO QUE AS ESPERADAS (versos 12-25 e 58-66)
1. Eles tinham esperado um filho
a. Alguém para quem pudessem mostrar amor
b. Alguém em quem pudessem ver a si mesmos
c. Alguém que pudesse preservar viva a memória deles na vizinhança
2. Deus lhes deu um filho ainda lembrado...enquanto eles existiam
a. Multidões iriam ouví-lo pregar
b. Mesmo o devasso Herodes estava na sua congregação
3. O precursor de Cristo
4. O anúncio do anjo (versos 19-25), o nascimento (versos 58-66)
5. A profecia de Zacarias (Lucas 1:67-80)

III. CONCLUSÃO

A. QUAL É O SEU FARDO? QUAL SUA FRUSTRAÇÃO? QUAL É A SUA NECESSIDADE?

B. DEUS IRÁ SATISFAZER SUA NECESSIDADE HOJE

NÃO TEMAS

Série Sobre o Nascimento de Cristo *Lucas 1:30*

I. INTRODUÇÃO

A. TEMPOS QUANDO DEUS PARECE DEMORAR

1. Algumas vezes Deus parece mover-se em alta velocidade
2. Em outras vezes parece que ele é tão demorado em seu programas
   a. Quatrocentos anos de silêncio entre os testamentos
   b. As palavras dos profetas devem ter parecido vãs

B. A CONTURBADA PAZ DE ENTÃO E DE AGORA

1. Anjos enviados em pequenas missões especiais
2. O nascimento de João, o Batista...outros milagres

C. REPENTINAMENTE AQUELES QUE ESPERAVAM TIVERAM SUA ATENÇÃO DESPERTADA COM TEMOR

II. CORPO DO SERMÃO

A. O TEMOR DO INESPERADO (Lucas 1: 26-30)

1. "Não temas, Maria"
2. Até aqui a vida de Maria foi bem normal
   a. Ao crescer...sonha sonhos românticos como todas as moças
   b. Portou-se corretamente diante de Deus
   c. Ela estava comprometida e de casamento marcado
3. O que foi isso que adentrou no seu pacífico porto para fazer ondas? Ela temeu diante da palavra do anjo (1: 29)
   a. É fácil ficar em pânico diante do inesperado
   b. Ao melhor plano feito, pode-se errar
   c. Alguns temem em todas as interrupções: a cada chamada telefônica, a cada ameaça, a cada carta aberta
4. Mas que boas notícias o anjo trouxe naquele dia!
5. Ela alcançou favor de Deus e seria parte de um milagre

B. O TEMOR DA PERDA PESSOAL (Mateus 1: 18-25)

1. José e Maria...tudo o que eles tinham sonhado e esperado
2. Então o terrível revés: Maria estava grávida

a. Os sonhos de José foram despedaçados
b. Os seus castelos desmoronados
c. Ele pensou que perdeu Maria
d. Quão reais são estes temores: nossos filhos e outros membros da família

3. Note que José não estava com medo do anjo...mas da perda
4. Nós temos temor de perdas pessoais
   a. Perda de dinheiro
   b. Perda do lar
   c. Perda do nome
5. Como isso impede a bênção
   a. Medo de arriscar no amor
   b. Medo de arriscar no investimento
   c. Medo de viver
6. José não perderia Maria e ganharia mais do que sempre imaginou

C. O TEMOR DO ENCONTRO COM DEUS (Lucas 2: 8-14)
1. Os temerosos pastores
2. O temor deles foi por causa da glória do Senhor
3. Muitos têm experimentado esse temor e admiração
   a. Abraão, Jó, Isaías, Pedro
   b. Eles devem ter encarado seus pecados
4. Você deve reverenciar o encontro com Deus
5. Mas há aqui boas notícias: Deus lhe ama e enviou Jesus para ser seu Salvador

III. CONCLUSÃO

A. DEUS QUER REMOVER OS SEUS TEMORES
B. CONFIE NELE E NADA TERÁ PARA TEMER

NO TEMPO E NA MIRA

Série Sobre o Nascimento de Cristo *Gálatas 4: 4-5*

I. INTRODUÇÃO

A. PRESENTE DADO POR OCASIÃO DO NATAL E NA PREGAÇÃO

1. Especialmente na América do Norte: "Compre-me! Leve-me para casa!"
2. A pregação por ocasião do Natal é semelhante a essa
   a. Pregando para mim: a manjedoura, os pastores, os magos!
   b. As profecias e as aparições angelicais!

B. HOJE...NATAL COM PAULO

1. Sua declaração acerca do nascimento de Cristo à igreja dos gálatas
2. Tudo o que essa declaração abrange

II. CORPO DO SERMÃO

A. DEUS É SEMPRE PONTUAL NO TEMPO

1. "Mas, vindo a plenitude dos tempos"
2. Quão impacientes nos tornamos quando as coisas não saem como planejadas: Quando nossas orações não são respondidas ou quando nossas dificuldades persistem
3. Deus, porém, é sempre pontual!
4. Considere alguns exemplos do Antigo testamento
   a. José vendido em cativeiro e preso. Ele se tornou o primeiro ministro do Egito
   b. Moisés preservado no deserto torna-se o libertador
   c. A experiência no Mar Vermelho: o mar aberto na hora certa
5. Deus foi pontual no nascimento de Cristo
   a. Quão distante ele devia ter parecido!
   b. A promessa no Éden, as profecias, o silêncio
   c. Depois, AÇÃO: atividade angelical
   d. O alistamento, a hospedaria lotada, o nascimento, os pastores, os magos
6. Deus será pontual com a segunda vinda de Cristo

a. A cena atual e as tentações para datar o contexto
b. Alguns duvidam, mas Deus será pontual
7. Deus é sempre pontual com sua obra em nossas vidas
a. Você não está aqui por acidente
b. Suas dificuldades são oportunidades para crer

B. DEUS VEM AO ENCONTRO DAS PESSOAS ONDE ESTÃO
1. "Deus enviou seu Filho, nascido de mulher, nascido sob a lei..."
2. Isso é onde todos nós tivemos nosso começo
a. Nascido tão indefeso
b. Tão estranho que Deus escolhesse tal entrada para o mundo
3. Quão grande a posição de sua humildade (Fil. 2: 5-7)
4. Deitado numa manjedoura
5. Deus encontrará você onde você está hoje

C. DEUS QUER MUDAR AS PESSOAS, DAQUILO QUE ELAS SÃO PARA AQUILO QUE ELAS PODEM SER!!
1. "A fim de recebermos a adoção de filhos"
2. Adoção significa "filho reconhecido"
3. A adoção é possível por causa da redenção...a cruz
4. Deus está lhe desenvolvendo naquilo que você deve ser

III. CONCLUSÃO

A. JESUS IRÁ MUDAR SUA VIDA
B. VOCÊ SOMENTE PODE SER O QUE DEVE SER, ATRAVÉS DO SEU PODER
C. FAÇA DESSE MOMENTO DE DECISÃO: O MAIS IMPORTANTE NA SUA VIDA

O APARECIMENTO A JOSÉ

Série Sobre o Nascimento de Cristo *Mateus 1: 18-25*

I. INTRODUÇÃO

A. APARIÇÕES ANGELICAIS E O NASCIMENTO DE CRISTO
   1. Quatrocentos anos de silêncio
   2. Repentinamente, um fluxo de ação profética
      a. A Zacarias, a Maria, a José
      b. A aparição aos pastores

B. A OUTRA PERSONALIDADE PRINCIPAL NESSA CENA SAGRADA BEM CONHECIDA
   1. Não devemos deixar José de fora
   2. Poderia ter parecido a ele que é isso que foi feito

II. CORPO DO SERMÃO

A. O HOMEM JOSÉ (versos 18-20)
   1. Ele era da casa e linhagem de Davi
      a. Isso posteriormente levará (José e Maria) a Belém
      b. O Império Romano fica envolvido no milagre através do alistamento
   2. Ele é evidentemente um homem pobre: as rolinhas na dedicação (Lucas 2: 24)
   3. Ele se apaixonou por Maria e sonha com o futuro
   4. Ele se torna noivo de Maria: comprometido
      a. Noivado da época: Duas testemunhas, palavra empenhada, dinheiro dado
      b. Sagrado como casamento: violação era muito sério
   5. O mundo de José ruiu por dentro!
      a. Maria está grávida
      b. Solução nada simples
   6. José era um homem justo e misericordioso, então decidiu deixá-la secretamente

B. A MENSAGEM A JOSÉ (versos 20-21)
   1. "E projetando ele isso"
      a. Não poderia pensar em algo mais

b. Pode ser que algo estivesse oprimindo sua mente
2. Deus tinha uma mensagem para José nessa hora de sua aflição
3. Uma mensagem pessoal: "José, filho de Davi"
4. "Não temas!" Essas boas palavras novamente
5. Porque o que nela foi concebido é da parte do Espírito Santo
   a. Pareceu ser a mais distante das expectativas de José
   b. Pareceu pecaminosa...agora sagrada...santificada
   c. Pareceu certo para trazer morte...agora livramento
   d. Pareceu certo arruinar o bom nome de Maria...agora iria imortalizá-lo
   e. Pareceu que todos a chamariam má...pelo contrário, ela seria chamada bem-aventurada
6. Pensou que isso era o fim de seus sonhos como um esposo, acabou descobrindo ser a resposta para seus sonhos como um homem

C. O MILAGROSO NASCIMENTO DE CRISTO (versos 21-25)
1. O nascimento do Salvador foi para salvar seu povo dos seus pecados
2. Cumprir as profecias do Antigo Testamento
3. Mateus explica Isaías 7: 14
4. A absoluta necessidade do nascimento virginal de Cristo
5. Esse nascimento milagroso torna possível o novo nascimento

III. CONCLUSÃO

A. A APLICAÇÃO DA MENSAGEM DO ANJO
B. DEUS VAI ENCONTRAR VOCÊ NO SEU DESESPERO
C. AS BOAS NOVAS DO NASCIMENTO DO SALVADOR SÃO PARA VOCÊ

O NOME JESUS

Série Sobre o Nascimento de Cristo — *Mateus 1: 21*

I. INTRODUÇÃO
  A. FINALMENTE CHEGOU O TEMPO
  B. O CONTEXTO E A CENA
    1. Os momentos alegres do amor de José por Maria
    2. O mundo de José desmorona...Maria está grávida
    3. A mensagem do anjo: "Não temas" A concessão do nome
  C. O NOME JESUS

II. CORPO DO SERMÃO
  A. A ORIGEM DO NOME (Mateus 1: 21)
    1. Parece que foi Moisés quem deu origem ao nome
      a. Números 13: 8-16...**Oséias** significa "salvação"
      b. Jeová e Oséias...a salvação de Deus (v. 16)
      c. "Josué" no Antigo Testamento é o mesmo que "Jesus"no Novo Testamento
    2. Josué como um tipo ou ilustração de Jesus
      a. Nascido em escravidão e depois exaltado dirigente de seu povo
      b. Seguiu a direção de Moisés...da lei para a graça (João 1: 17)
      c. Dirigiu o povo nômade, do deserto a Canaã
      d. Cruzou com sucesso o Jordão
      e. Muros tombaram diante dele (Ef. 2: 14)
      f. Conduziu seu povo à vitória
  B. O IMPACTO DO NOME "JESUS"PORQUE FOI DADO A CRISTO
    1. Realmente um nome completamente comum naquele dia
    2. Muitos copiaram o nome do grande líder de Israel, Josué
    3. Cristo transformou o comum em notável
      a. Desde o tempo em que o bebê foi chamado "Jesus" passou a ser notável
      b. Esse nome significou salvação para os pastores
      c. Esse nome significou cura para os que não tinham jeito
      d. Esse nome significou destruição para os demônios

e. Esse nome significou vida para os leprosos
f. Esse nome significou ressurreição para os mortos
4. O nome que traz salvação hoje (Atos 4: 12)
a. O perigo do Natal: Dirigir-se por tradições
b. Vá direto da aparência para a verdade
5. O que o nome de Jesus significa para você hoje?

C. A IMPORTÂNCIA DO NOME JESUS NO FUTURO
1. O nome Jesus está associado com a ressurreição vindoura: (I Tess. 4: 13-14)
2. O nome Jesus e o julgamento. (Filip. 2: 10)
3. O nome Jesus e os eventos futuros (Apoc. 1: 1; 22: 16)
4. O nome que ajudará você hoje

III. CONCLUSÃO

A. PORQUE O NENÊ FOI CHAMADO JESUS
1. Ele salvaria seu povo de seus pecados
2. José deveria ser convencido
3. Purificação para José e para nós

B. ELE SALVARÁ VOCÊ DOS SEUS PECADOS

BOAS NOTÍCIAS PARA PASTORES E OUTROS PECADORES

Série Sobre o Nascimento de Cristo *Lucas 2: 10-11*

I. INTRODUÇÃO

A. O NASCIMENTO EM BELÉM

1. Quanto tempo o mundo esperou!
2. Mas finalmente a hora chegou
   a. As mensagens angelicais
   b. O alistamento
   c. A viagem a Belém
3. O nascimento na manjedoura...não em um hospital imaculado
   a. Os sons e odores do estábulo
   b. Nenhum médico...mas um médico escolhido para contar a história

B. ANUNCIANDO AS NOTÍCIAS AOS PASTORES

1. Os primeiros a saber foram humildes pastores
2. Quão apropriado é que o Cordeiro de Deus tenha nascido numa mangedoura!

II. CORPO DO SERMÃO

A. O FIM DO TEMOR (v. 10)

1. "Não temais". Essas duas boas palavras sempre no vocabulário dos anjos
2. Os pastores ficaram temerosos, mas isso passou rapidamente
   a. A primeira evidência da Queda foi o medo. (Gen. 3: 8-10) Desde então o medo andou a passos largos junto com os homens através dos séculos
      (1) Abraão mentindo acerca de Sara por causa do medo (Gên. 12: 11-13)
      (2) Jacó temeu Esaú (Gên. 32: 6-8)
      (3) Moisés temeu Faraó (Ex. 4: 1)
      (4) Israel temeu entrar na terra prometida (Num. 14)
3. Jesus se deslocaria do começo ao fim da região por onde viajou, dissipando o temor

a. Os discípulos e a tempestade
b. O cego Bartimeu temeu que ele nunca mais enxergaria
c. Dez leprosos temeram que nunca mais estariam com suas famílias
d. Maria e Marta temeram que elas não veriam Lázaro novamente

4. Temores no Natal
a. Saúde
b. Família
c. Condições mundiais
d. Economia
e. Vida

5. Fé é oposto do medo: Salvos pela fé e guardados pela fé

B. O NASCIMENTO DA ALEGRIA (v. 10)
1. "Novas de grande alegria"
2. Os cânticos do Natal acerca da alegria
3. Por que essa alegria?
a. Porque o Salvador nasceu
b. Porque a Escritura cumpriu-se
c. Porque Cristo é Senhor
4. Venha para Ele e tenha alegria. Confie nele

C. O COMEÇO DO EVANGELISMO (v.10)
1. "Que o será para todo o povo"
2. Todos precisam desse Salvador
a. Todos são pecadores (Rom. 3: 23)
b. Cristo morreu por todos (Rom. 5: 8)
3. Ele está disponível a todas as pessoas
4. As ações dos pastores
a. Nós também devemos ir com as boas novas
b. Não sentarmos e ficar à toa no caminho para o céu

III. COCLUSÃO
A. DEUS VEM AO NOSSO ENCONTRO ONDE ESTAMOS
B. VENHA PARA JESUS COM SEUS PECADOS E TEMORES E SEJA SALVO
C. CONTE A TODOS AS BOAS NOVAS!

O ÚLTIMO CONVITE NA BÍBLIA

Apocalipse 22: 17

I. INTRODUÇÃO

A. O CONVITE NO FINAL DO CULTO

1. O apelo para pecadores serem salvos, apóstatas recuperados
2. O apelo para os que estão em necessidade especiais e com fardos
3. Após a pregação vem o convite

B. O ÚLTIMO CONVITE NA BÍBLIA

1. Após toda profecia, um convite final
2. Muitos convites na Bíblia
   a. Gên. 7:1: "Entra na arca tu e toda a tua casa"!
   b. Aproximadamente 2000 vezes nosso Senhor convida as pessoas para virem a Ele
3. A última chamada

II. CORPO DO SERMÃO

A. O MAIOR FARDO DE DEUS

1. O Espírito diz: "Vem"
2. O Espírito Santo convida as pessoas para a salvação, hoje
   a. Ele convence do pecado
   b. Ele entra no coração quando o pecador chama
   c. Ele reside durante a vida toda, confortando, convencendo, capacitando
3. A obra de convidar pessoas é o maior fardo de Deus
   a. Maior do que a criação e manutenção da criação
   b. Maior do que movimentar as nações no modelo profético
   c. Maior do que conservar os planetas no seus cursos
4. Existe o fardo de Deus devido ao seu amor

B. O MAIOR NEGÓCIO DA IGREJA

1. "...e a noiva diz vem"
2. A noiva é a igreja e a igreja deve estar convidando
3. Essa é a maior responsabilidade da igreja

4. Quão ocupados estamos com outras coisas, para o deleite do diabo!
   a. A realização de cerimônias ou formalidades religiosas
   b. O conjunto de conferências e o empreendimento de projetos
   c. Os negócios da igreja, dinheiro, etc...
5. Mas a nossa mais importante função é convidar o povo para Cristo
6. "E quem ouve..."mesmo os novos convertidos devem ser envolvidos

C. A MAIOR BÊNÇÃO DA HUMANIDADE
1. "E quem tem sede, venha"!
2. Quão sedento o mundo está!
   a. A mulher junto ao poço
   b. Vir ao Senhor satisfaz a sede
3. A exigência para vir: Ter sede
   a. Pode vir em qualquer época, pode vir de qualquer raça
   b. Qualquer pessoa pode vir, independentemente dos pecados passados
   c. Qualquer pessoa pode vir, independentemente da posição social e financeira
4. Você sente sede? Venha!

D. O MAIOR NEGÓCIO DA VIDA
1. "Receba de graça a água da vida"
2. O preço foi pago: o sangue de Cristo
3. Água de graça para almas sedentas
4. Venha e beba e fique satisfeito (Isaías 55: 1).

III. CONCLUSÃO

A. O CHAMADO PARA AQUELES QUE NECESSITAM VIR E BEBER DA ÁGUA VIVA

B. O CHAMADO PARA AQUELES QUE NECESSITAM ESTAR ENVOLVIDOS EM FAZER O CONVITE

NÃO OLHES PARA TRÁS

Lucas 9: 62

I. INTRODUÇÃO

A. SATCHEL PAIGE E SUA REGRA PARA BEM VIVER

1. "Não olhes para trás, algo pode te atropelar"
2. A Bíblia também apela para não olhar para trás

B. OLHAR PARA TRÁS IMPEDE PROGRESSO À FRENTE

1. Olhar para trás pode deixar você depressivo
2. Olhar para trás pode levar você à derrota

II. CORPO DO SERMÃO

A. NÃO OLHE PARA TRÁS, AOS PECADOS PERDOADOS

1. I João 1: 7-9 garante perdão para todos os pecados
2. Deus de fato lança fora nossos pecados (Salmos 103)
3. Talvez você acredita nisso para outros, mas não para você
4. Mas Deus lança fora todos os pecados, mesmo aqueles mais sérios

B. NÃO OLHE PARA TRÁS, ÀS DERROTAS QUE DEPRIMIRAM VOCÊ

1. Todas as pessoas têm algumas derrotas no seu passado
2. Somente aqueles que nunca tentaram algo estão livres de falha
3. Mas verifique Salmo 37: 23, 24; Deus levanta aqueles que caem
4. Não permita o fracasso fazer você sentir que é uma falha

C. NÃO OLHE PARA TRÁS, AO PASSADO E O CONSIDERE MELHOR DO QUE FOI (Ecles. 7: 10)

1. Israel olhando para trás, ao Egito (Num. 11: 18)
2. A distância presta-se ao encantamento
3. A nostalgia não é completamente honesta
4. Vance Havner: "O presente nunca é tão bom quanto costuma ser"
5. Em qualquer tempo, um grande futuro é melhor que um grande passado

D. NÃO OLHE PARA TRÁS, AOS ANTIGOS CONFLITOS QUE TORNEM VOCÊ MAIS AMARGURADO

1. Se você repete antigos conflitos, a dor retorna
2. Reapresentando essas antigas feridas
3. Mesmo aqueles conflitos onde houve perdão tornar-se-ão perigosos se você tornar a passar por eles
4. Esqueça o passado e prossiga com um viver proveitoso (I Pedro 2: 1-2)

E. NÃO OLHE PARA TRÁS PARA ANTIGAS VITÓRIAS QUE PODEM LEVAR VOCÊ A PENSAR QUE JÁ CHEGOU (Filp. 3: 13-14)
1. Aqui está a mensagem primária de Filipenses 3: 13-14
   a. Eu servi ao meu Senhor com todo meu coração...outrora
   b. Eu fui um ganhador de almas...outrora
   c. Eu fui aceito por Cristo...outrora
2. Que me diz hoje?

III. CONCLUSÃO

A. MELHORE! OLHANDO PARA JESUS (Hebr. 12: 1 e 2)
B. CONSIDERE OS CAMPOS, E, MINISTRANDO PARA OUTROS, ESQUECERÁ O PASSADO
C. OLHE PARA FRENTE! O MELHOR AINDA ESTÁ POR VIR!

NOS QUINTOS DOMINGOS

TUDO ACERCA DE OFERTAS CRISTÃS

II Cor. 9

I. INTRODUÇÃO

A. OFERTA: UMA PARTE DA VIDA CRISTÃ MAL COMPREENDIDA E MAL EMPREGADA

1. Há aqueles que arrecadam dinheiro das mais diversas fontes
2. Há aqueles que usam truques
3. Aqueles que fazem da oferta uma parte insignificante da vida cristã

B. A BÍBLIA EXPÕE PRINCÍPIOS PARA OFERTA

II. CORPO DO SERMÃO

A. NUNCA PODEMOS ENRIQUECER DEUS COM NOSSAS OFERTAS: (I Crôn. 29: 9-14).

1. Davi, próximo da morte, prepara o povo para construir o templo
2. A tremenda oferta (versos 5-9)
3. Mas mesmo tudo isso não pôde enriquecer Deus
   a. Ele é o dono do gado sobre milhares de montes
   b. Tudo o que há no céu e na terra pertence a Ele
4. Não é de se admirar que homem algum possa comprar seu caminho para o céu
5. Não é de se admirar que você não possa obter favor com Deus mediante sua oferta
6. Deus quer seu coração, depois suas ofertas

B. DEVEMOS OFERTAR REGULAR E SISTEMATICAMENTE

1. "No primeiro dia da semana" (I Cor. 16: 1-2)
2. Alguns dão grandes somas de vez em quando
   a. Isso pode parecer mais impressionante
   b. Alguns dão somente quando movidos por alguma grande necessidade
3. Alguns pretendem deixar uma grande quantia quando falecerem
4. A Bíblia ensina uma contabilidade semanal de nossas ofertas

5. Sistematicamente: "Conforme tiver prosperado"
   a. Não dando gorjeta, por favor
   b. Uma porcentagem do que Deus tem dado
6. Exemplos do Antigo Testamento de oferta percentual
   a. Abraão deu dízimos de tudo que possuía (Gên. 14: 20)
   b. Jacó: "E de tudo que me deres, certamente te darei o dízimo" (Gên. 28: 22)
   c. Malaquias 3: 10 "Trazei todos os dízimos à casa do tesouro"
7. Essa porcentagem deve vir da renda bruta: as primícias
8. Sob a graça, nossa oferta deveria exceder àquela sob a lei

C. DEVEMOS DAR GENEROSAMENTE E ALEGREMENTE ESPERANDO QUE DEUS IRÁ SUPRIR NOSSAS NECESSIDADES (II Cor. 9: 6-9)

1. "Não com tristeza ou por necessidade"
   a. Não ofertar se você não quer ofertar
   b. Não dar mais do que pode dar alegremente
2. O contexto de Filipenses 4: 19
3. A expectativa da oferta
   a. "Aquele que semeia pouco, pouco também ceifará (v. 6)
   b. Como abrir seu caminho para a prosperidade

III. CONCLUSÃO

A. A QUE SUA OFERTA CORRESPONDE?

B. VOCÊ QUER INCLUIR DEUS NESSA PARTE DA SUA VIDA?

C. AVENTURAS NO OFERTAR

PROTEÇÃO NAS TEMPESTADES

Atos 27; 28: 1-6

I. INTRODUÇÃO

A. O DESEJO DE PAULO DE IR A ROMA

1. Agora ele estava indo como um prisioneiro
2. Mesmo assim, ele iria ter grande sucesso ali
   a. Membros da família de César seriam convertidos
   b. Sua experiência em Roma está condensada em Atos 28: 30-31

B. NOSSO TEXTO RELATA A HISTÓRIA DA PROTEÇÃO DE DEUS NA VIAGEM DE PAULO

II. CORPO DO SERMÃO

A. PROTEÇÃO NA TEMPESTADE (27: 14-41)

1. Isso mostra a proteção de Deus nas tempestades naturais
2. A grande tempestade chamada **"euro-aquilão"**(v. 14)
3. A tripulação luta para manter o navio flutuando (16-20)
   a. Aliviando o navio
   b. Mesmo os prisioneiros trabalham ajudando para sobrevivência
4. O cuidado de Paulo durante a tempestade
   a. Ele foi o único com uma palavra do Senhor (versos 22-24)
   b. Sua palavra do Senhor o colocou no comando da situação (versos 30-33)
5. Nosso Senhor também prometeu estar conosco nas tempestades da vida

B. PROTEÇÃO DOS SOLDADOS (v. 42).

1. Isso mostra a proteção de Deus nas tempestades naturais
2. O propósito dos soldados foi matar todos os prisioneiros
3. Os cristãos têm sofrido muito sob as nações
   a. Perseguição da igreja primitiva, por Roma
   b. Perseguição de Hitler e líderes comunistas
4. Realmente, todos a bordo salvos por causa de Paulo
   a. Freqüentemente Deus tem poupado ou abençoado mui-

tos por causa de uns poucos fiéis (Gên 18: 27-33; 26: 24; 39: 5; I Reis 11: 11-13; II Reis 8: 19)

b. O Brasil pode ser poupado por causa de umas poucas pessoas justas

5. "Quão importante você é para o seu país?"

C. PROTEÇÃO DA SERPENTE (28: 1-6)

1. Isso mostra a proteção de Deus das tempestades sobrenaturais
2. A serpente, um símbolo do diabo
3. A serpente saiu do fogo e pendurou-se em Paulo
4. A reação dos nativos
   a. Primeiro pensaram que Paulo morreria
   b. Depois passaram a cultuá-lo como um deus
5. Como crentes, temos a proteção garantida por Deus contra a serpente
   a. Limites do tentador (I Cor. 10: 13)
   b. Aquele que está em nós é maior (I João 4: 4).

III. CONCLUSÃO

A. NENHUM LUGAR É SEGURO COMO NA PERFEITA VONTADE DE DEUS

1. Somos protegidos até que nossa obra seja concluída
2. Após esse percurso, vem o céu
3. Somos vencedores num ou noutro

B. SUBMETA AO SENHOR SUA VIDA E PERMITA A ELE FAZER O QUE QUISER DA SUA VIDA

1. Você será beneficiado na comunhão e proteção terrenas
2. Seus galardões permanecerão para sempre

ENCONTREI O MEU BOM SAMARITANO

Lucas 10: 25-37

I. INTRODUÇÃO

A. O DOUTOR DA LEI E SUA PERGUNTA

1. Foi uma boa pergunta
2. A resposta desafiadora do Senhor (v. 27)
3. O doutor da lei procura um escape (v. 29)

B. A INTERPRETAÇÃO USUAL DA PARÁBOLA DO BOM SAMARITANO

1. Para ensinar responsabilidade com nosso próximo
2. Para mostrar quem é nosso próximo

C. OUTRA APLICAÇÃO DESSA PARÁBOLA CONHECIDA

II. CORPO DO SERMÃO

A. PERMITA QUE "UM CERTO HOMEM"REPRESENTE QUALQUER PECADOR (v. 30)

1. De Jerusalém a Jericó
    a. Jerusalém é a cidade da paz
    b. Jericó é a cidade da maldição
    c. A estrada de Jerusalém a Jericó é para baixo
2. Ele caiu no meio de ladrões
    a. Satanás é um ladrão (João 10: 10)
    b. O ladrão no Éden e aqui hoje
3. Os ladrões deixaram-no despido e meio-morto
    a. Despido...sem justiça
    b. Meio-morto...Todos estão mortos espiritualmente: (Ef. 2: 1-9)

B. PERMITA QUE O SACERDOTE E O LEVITA REPRESENTEM TODAS AS SOLUÇÕES VAZIAS PARA OS PECADORES

1. O sacerdote representa a condenação da lei
    a. "Você não deve passar por esse caminho"
    b. Quando muito, a lei pode apenas condenar
2. O levita representa a instrução e cerimonial religiosos
    a. "Eu posso indicar a você a direção que você deveria tomar"
    b. "Eu posso indicar a você a direção que você deve tomar

na próxima vez"
c. Nenhum dos dois (sacerdote e levita) vai ao encontro do viajante em suas necessidades: pobre, despido, meio-morto
3. O coração humano tem necessidade mais que explicação e instrução
4. A pessoa perdida precisa de salvação

C. PERMITA O BOM SAMARITANO REPRESENTAR O SALVADOR PARA OS PECADORES
1. O samaritano foi uma pessoa rejeitada (Isaías 53: 3)
2. À medida que viajava (ele tinha um destino definido)
3. Ele veio onde o caído estava (Lucas 19: 10; Filip. 2: 5-8)
4. Ele teve compaixão do caído (a compaixão de nosso Senhor)
5. Ele curou suas feridas...indo direto ao centro do problema
6. Ele derramou vinho sobre as feridas (um antisséptico)
7. Ele derramou azeite sobre as feridas (um símbolo do Espírito Santo)
8. O cuidado posterior pelo homem (v. 34)
9. O cuidado posterior pelo homem maltratado foi pago até o retorno do samaritano (v. 34)

III. CONCLUSÃO
A. A HISTÓRIA AINDA NÃO CONCLUÍDA
B. ENCONTRE MEU BOM SAMARITANO

PARA QUEM IREMOS NÓS?

João 6: 68

I. INTRODUÇÃO

A. AS MULTIDÕES E O MESTRE

1. Tornou-se familiar falar de multidões seguindo Cristo
2. As grandes multidões, a alimentação dos cinco mil, etc

B. AS MULTIDÕES VOLTANDO ATRÁS, COMO FAZEM HOJE

1. A mensagem não popular: o Filho de Deus, a cruz, sua morte
2. A pergunta de Jesus, enquanto a multidão o deixa: "Quereis vós também retirar-vos?"
3. A pergunta de Pedro

II. CORPO DO SERMÃO

A. TODOS NECESSITAMOS DE ALGUÉM PARA QUEM POSSAMOS IR (v. 68)

1. Deus não criou o homem para estar sozinho. Considere a criação
2. Quando ele está triste, necessita de alguém para compartilhar suas tristezas
3. Quando ele está alegre, necessita de alguém para compartilhar sua alegria
4. O valor do plano de Deus para o lar: maridos, esposas, filhos
   a. Lembre épocas em família
   b. Memórias de uma mãe ou pai
   c. Famílias se reúnem em tempos de crises
5. O valor das amizades humanas

B. TODOS NÓS NECESSITAMOS DE ALGUÉM A QUEM POSSAMOS IR COM UMA PALAVRA DA ETERNIDADE (v. 68)

1. "Tu tens palavras de vida eterna"
2. Os amigos e a família são importantes, mas chegamos a épocas na vida, quando ficamos além do poder de amigos terrenos para ajudarem

3. A ferida pode ser tão profunda que precisamos de uma palavra da eternidade
4. Na morte, verificamos a brevidade da vida
   a. Setenta anos...às vezes menos...ou mais (Salmo 90: 10)
   b. Tão preso ao tempo: Momentos, meses, anos
5. Que me diz acerca da eternidade?
   a. Ele é o eterno
   b. Ele falou de eternidade, vida perene e vida eterna

C. TODOS PODEMOS IR A JESUS E ENCONTRÁ-LO COMO UM AMIGO QUE TEM TODAS AS RESPOSTAS PARA O TEMPO E A ETERNIDADE
1. "Nós cremos e estamos certos de que tu és o Cristo, o Filho de Deus vivo" (João 6: 69)
2. Que bom estar certo!
3. O chamado de Cristo para vir a Ele
   a. "Aquele que vem a mim, de maneira alguma lançarei fora" (João 6: 37)
   b. "Vinde a mim todos os que estais cansados e oprimidos" (Mateus 11: 28)
   c. "E o Espírito e a noiva dizem: Vem" (Apoc. 22: 17).
4. O que significa vir a Ele em fé

III. CONCLUSÃO

A. VENHA ENTÃO PARA JESUS E ENCONTRE NELE TUDO O QUE VOCÊ PRECISA

B. ELE PREPARARÁ VOCÊ PARA O TEMPO E PARA A ETERNIDADE

PARA TAL TEMPO COMO ESTE

Ester 4: 10-17

I. INTRODUÇÃO

A. O CONTEXTO E A CENA

1. O contexto é a Pérsia...Irã
2. Um tempo de grande perigo para o povo judeu

B. QUATRO PERSONAGENS PRINCIPAIS NO LIVRO

1. Assuero, o poderoso rei persa
2. Ester, quem tornou-se sua rainha
3. Mardoqueu, parente de Ester
4. Hamã, o inimigo dos judeus. Um precursor de Hitler; odiava os judeus

C. O PLANO DE HAMÃ: ESTER CHAMADA PARA LIVRAR SEU POVO

II. CORPO DO SERMÃO

A. NO DIA MAIS SOMBRIO, DEUS ABRIU UMA SAÍDA (v. 14)

1. Aqueles foram dias sinistros para os judeus
2. Desde então, tem havido muitos dias sombrios para os judeus
3. Estamos vivendo em dias sombrios
   a. A marcha do comunismo
   b. A decadência moral das últimas duas décadas
   c. A era nuclear e suas perspectivas
4. Você pode estar passando por dias sombrios, agora
   a. Dias sombrios no seu lar, no seu casamento, com seus filhos
   b. Dias sombrios no seu negócio, no seu trabalho
   c. Dias sombrios com sua saúde
   d. Dias sombrios emocionalmente, sem paz, sempre próximos às lágrimas

5. MAS DEUS TEM PR AZER EM OPERAR NO INCOMPREENSÍVEL
   a. Modelo da Criação... "Haja luz"
   b. Modelo da salvação...devemos compreender que estamos perdidos

c. Muitas promessas bíblicas para os que estão em tribulação

6. A confiança de Mardoqueu...sua fé otimista
   a. O mundo necessita ver isso
   b. Levante os olhos e veja

B. DEUS USA UMA MULHER OU UM HOMEM PARA CUMPRIR SEU PLANO (v. 14)
   1. "Quem sabe se não foi para tal tempo como este que chegaste ao reino?"
   2. Deus sempre tem a pessoa na hora dele
      a. A mãe de Moisés no tempo da escravidão
      b. Moisés, Gideão, Davi, outros
      c. Lutero, Wesley, Knox
      d. Spurgeon, Moody, Lanphier
   3. Talvez você seja a pessoa de Deus da hora para a América
   4. Talvez você seja a pessoa de Deus da hora para esta igreja

C. O CLAMOR DE ESTER FOI PARA AGIR OU MORRER
   1. "...Se eu perecer, perecerei"
   2. Agora ela queria estar envolvida
   3. Agora ela queria depositar tudo no altar
   4. Agora ela queria submeter tudo, para fazer a parte dela
   5. Ela será a pessoa de Deus para poupar seu povo
   6. Ela concluiu que qualidade de vida é mais importante que duração

III. CONCLUSÃO

A. O CHAMADO PARA SUBMISSÃO TOTAL
B. O CHAMADO PARA O ENVOLVIMENTO REAL
C. O CHAMADO PARA ULTRAPASSAR FRONTEIRAS

GRAÇAS A DEUS POR VOCÊS

Filipenses 1: 3

I. INTRODUÇÃO

A. O RELACIONAMENTO CARINHOSO DE PAULO COM OS CRISTÃOS EM FILIPOS

1. Ele agradecia a Deus cada vez que pensava neles
2. Podemos usar esse tipo de amor, hoje

B. RELACIONAMENTOS ERRADOS FLORESCEM HOJE EM MUITAS IGREJAS

1. Pessoas que não conseguem perdoar
2. Pequenos grupos que se reúnem e resmungam
3. A igreja torna-se sem poder por causa da falta de amor

C. LIÇÕES DE DECLARAÇÃO DE AÇÃO DE GRAÇAS DE PAULO

II. CORPO DO SERMÃO

A. HÁ UM VALOR NA LEMBRANÇA (v. 3)

1. Deus nos fez com a habilidade para lembrar
2. Instruções para lembrar, na Bíblia
   a. "Lembra-te do teu Criador" (Ecles. 12: 1)
   b. "Lembrai-vos da mulher de Ló" (Lucas 17: 32)
   c. "Fazei isso em memória de mim"(I Cor. 11)
   d. "Lembra-te donde caíste" (Apoc. 2: 5)
3. Paulo relembra Filipos
   a. Um pequeno grupo à beira do rio e a conversão de Lídia
   b. O carcereiro de Filipos
4. Relembre os pontos altos na sua vida cristã
   a. O dia da sua conversão
   b. O momento da completa submissão ao Senhor
   c. Sempre houve um dia melhor?

B. HÁ UM VALOR EM RELEMBRAR COISAS POSITIVAS ACERCA DE OUTROS

1. "Todas as vezes que me lembro de vós"
2. A igreja em Filipos era perfeita?
   a. Não há igrejas perfeitas
   b. Não há pastores perfeitos

3. Paulo rejeitou estender-se nos aspectos negativos acerca dessas pessoas
   a. Haviam fofoqueiros lá? PROVAVELMENTE
   b. Haviam desordeiros lá? PROVAVELMENTE
   c. Mas Paulo não focalizou nessas características negativas
4. Paulo pensou acerca daqueles que eram fiéis
   a. Alguns cuidavam e compartilhavam
   b. Alguns ofertavam sacrificialmente
   c. Alguns testemunhavam fervorosamente
   d. Paulo relembrou esses
5. O que você concluiu quando pensa sobre essa igreja?
6. Você fica agradecido por alguns?

C. O VALOR DE EXPRESSAR APRECIAÇÃO POR AQUELES QUE AMAMOS

1. Paulo não estava realmente agradecido, até que contou-lhes isso
2. Como seria boa a apreciação se nunca fosse expressada?
3. À semelhança do amor, a apreciação deve ser dita...expressada. Cartas podem ser escritas, apelos podem ser feitos, pessoas podem ser visitadas

III CONCLUSÃO

A. LEMBRANDO JUNTOS
B. POR QUEM VOCÊ ESTÁ AGRADECIDO?
C. GRAÇAS A DEUS POR VOCÊ!

O LAR CRISTÃO

Efésios 5: 18-32

I. INTRODUÇÃO

A. O LAR, A MAIS IMPORTANTE UNIDADE DA VIDA

1. É a primeira unidade estabelecida por Deus
2. Uma nação é constituída de lares
3. O clima espiritual de uma igreja é determinado por seus lares

B. HÁ MUITOS LARES ATRIBULADOS HOJE

1. Essa é a razão porque temos uma nação atribulada
2. Uma ameaça maior do que o comunismo

C. O CONTRASTE EMOCIONANTE

1. Um lugar onde há
   a. Dedicação em lugar de divórcio
   b. Fé em lugar de briga
   c. Harmonia em lugar de inimizade
   d. A Bíblia em lugar de uma guerra
2. O que é um lar cristão?

II. CORPO DO SERMÃO

A. UM LAR CRISTÃO É UM LUGAR ONDE O SENHOR REINA

1. A necessidade de conhecer a Jesus Cristo
2. Você não pode ter um lar cristão sem Cristo
   a. Você pode ter um lar religioso
   b. Você pode mesmo ter um lar bem organizado
3. Que diferença Cristo faz!
4. Cristo não é uma fórmula, mas um amigo fiel
5. Isso é evidência da plenitude do Espírito Santo: (Ef. 5: 22-32)
6. Cristo, o cabeça invisível desse lar

B. O LAR CRISTÃO É UM LUGAR ONDE O AMOR REINA

1. O maravilhoso, o amor harmonizado em duas vias
   a. A esposa, amorosamente submissa ao seu marido
   b. O marido ama e não fica amargurado com sua esposa.

Alguns cristãos têm lares que são exatamente o oposto disso

c. Tipo de um certame paciente

d. Onde ambos toleram-se um ao outro

2. O exemplo que Deus escolheu para demonstrar seu andar conosco
3. O tipo de amor
   a. Que está íntimo no coração
   b. Que é sacrificial
   c. Que é expresso freqüentemente
4. Leia novamente I Cor. 13

C. UM LAR CRISTÃO É UM LUGAR ONDE A BÍBLIA REINA
1. A Bíblia é o modo de Deus de purificar (Salmo 119: 9-11)
2. Você não pode ter um lar santo sem a Bíblia (Ef. 5: 26-27)
3. Participação nos cultos da igreja deveria ser uma atividade familiar
4. A instrução de Deus a Moisés (Deut. 6: 1-4)
5. O seu respeito pela Bíblia mede seu respeito por Deus

III. CONCLUSÃO

A. O CHAMADO PARA DEDICAÇÃO NA VIDA DO LAR

B. O ALTAR DA FAMÍLIA ALTERARÁ SEU LAR

C. VAMOS CONSTRUIR LARES FORTES À MODA DE DEUS

O TRECHO BÍBLICO PREFERIDO SOBRE O CÉU

João 14: 1-6

I. INTRODUÇÃO

A. O TEXTO FAMILIAR

1. Boas razões para se tornar tão familiar
2. Comunica uma mensagem vital a nossos corações

B. A IMPORTÂNCIA DESTE TEXTO PARA AS PESSOAS EM SOFRIMENTO

1. Por causa do seu contexto: Jesus iria logo deixar seus discípulos
2. Por causa de sua ternura: Um texto transbordando de amor

II. CORPO DO SERMÃO

A. A CERTEZA NESSE TEXTO (João 14: 1)

1. "Não fiquem aflitos"
2. Há tantas pessoas aflitas: medo, preocupação, dúvidas, pavor do futuro
3. Observe como Deus procura aliviar corações aflitos
   a. I Pedro 5: 7; Mateus 11: 28-30; João 14: 27
   b. Os 365 "não temas" da Bíblia
4. A dupla aplicação da certeza:
   a. Para a pessoa que tem Cristo como Salvador, na hora da morte
   b. Para aqueles que ficam
5. Deus iria guardar e guiar seus discípulos após a morte de Jesus
6. A morte não poderia acabar com a comunhão entre eles

B. A ANTECIPAÇÃO NESSE TEXTO (versos 2 e 3)

1. "Na casa de meu Pai há muitas moradas"
2. A antecipação de cada cristão é tripla
3. A antecipação do céu: "Vou preparar-vos lugar"
   a. A morte como partida desta vida (João 13: 1; 16: 7; II Tim. 4: 6)
   b Indica ir de um lugar para outro, o melhor lugar: (Filip. 1: 21; II Cor. 5: 8)

4. Antecipação de encontrar Cristo: "Para que onde eu estiver..."
   a. Você gostaria de encontrar o presidente?
   b. É melhor encontrar Jesus
5. A antecipação de encontrar amados que nos anteciparam

C. A RESPOSTA NESTE TEXTO (versos 5-6).
1. Tomé ouvindo essas maravilhosas palavras queria uma resposta
2. Como podemos conhecer o caminho?
3. Jesus dissera: "Eu sou o caminho"
   a. Sua morte foi para pagar por nossos pecados
   b. Sua ressurreição: Ele vive para salvar
4. Note que Jesus é o **único** caminho

III. CONCLUSÃO

A. CRISTO É SUA RESPOSTA
1. Ele trará segurança e paz ao seu coração
2. Ele dará esperança além-túmulo

B. CONFIE NELE E RESOLVA OS MAIORES PROBLEMAS DA VIDA
1. Culpa e medo irão embora
2. A vida eterna será sua

ÍNDICE BÍBLICO